FREIHEIT UND GNADE

Philosophisch-theologischer Traktat

von

RICHARD KRONER

J. C. B. MOHR (PAUL SIEBECK)
TÜBINGEN 1969

Best.-Nr. 82 950

Den Freunden

JOSEF und ADELHEID WEBER

in Dankbarkeit

VORWORT

Für den Leser dieser kleinen Schrift, der mit meinem philosophischen Werdegang nicht vertraut ist und meine in englischer Sprache geschriebenen Bücher nicht kennt, möchte ich einige erklärende Bemerkungen voranschicken.

Meine Auswanderung im Jahre 1938 war nicht nur ein mein äußeres Dasein völlig änderndes persönliches Ereignis, sondern brachte auch mein sachlich-gedankliches Leben in eine neue Bahn. Der Philosoph verwandelte sich in wachsendem Maße in einen Theologen. Ich erkannte, daß die neuzeitliche Trennung von Philosophie und Theologie unhaltbar geworden ist. Es wurde mir immer deutlicher, daß diese beiden Wissenschaften, wie dies bereits im Mittelalter geschehen ist, zusammengehören, und daß eine Vereinigung beider, freilich in gänzlich neuer Weise, vollzogen werden müsse. Die Hitlerrevolution lehrte mich die Gebrechlichkeit der „sittlichen Vernunft" tiefer verstehen, als ich sie je vorher verstanden hatte. Daher tauchte das seit Augustin oft erörterte, in der Neuzeit jedoch von protestantischer Seite vernachlässigte Problem des Verhältnisses von Freiheit und Gnade oder von Ethik und Glaube mit neuer Gewalt vor mir auf. Als Resultat meiner Überlegungen entstand die kleine Schrift, die in gedrängter Kürze die Schwierigkeiten dieses Problems erörtert und eine neue Lösung des Widerstreits der beiden Ideen zu gewinnen versucht.

Meine in den Vereinigten Staaten veröffentlichten Bücher legen Zeugnis von dem geistigen Ringen ab, das in der vorliegenden Schrift einen gewissen Abschluß gefunden hat. Ich möchte daher dem Leser die Titel der amerikanischen Werke, die in mancher Hinsicht die gegenwärtige Lösung des Problems ergänzen und erläutern können, angeben.

1941 erschien „The Religious Function of Imagination" bei der Yale University Press; 1943 die Vorlesungen: „How Do We Know God?" bei Harper and Brothers, New York, im selben Jahre wurden die in St. Andrews, Schottland, gehaltenen Gofford Lectures unter dem Titel „The Primacy of Faith" veröffentlicht im Verlag von Macmillan Co., New York; 1951 erschien „Culture and Faith" bei der University of Chicago Press (jetzt in dritter Auflage vorrätig). 1956 bis 1961 verlegte die Westminster Press in Philadelphia die drei Bände „Speculation and Revelation in the History of Philosophy" (jetzt vergriffen). 1966 erschien bei der Oxford University Press in New York „Between Faith and Thought".

Schließlich möchte ich noch erwähnen, daß mein früherer Schüler und späterer Kollege Professor Dr. John Skinner 1962 bei der University of Pennsylvania Press ein Buch mit dem Titel „Self and World" veröffentlicht hat, welches meine Gedanken in einer sehr guten Form enthält und einen biographischen Bericht sowie eine bibliographische sorgfältige Aufzählung aller meiner bis dahin erschienenen Bücher, Aufsätze und Besprechungen.

Richard Kroner
Château de Bossey (bei Genf)
November 1968

INHALT

EINLEITUNG

Die meisten Philosophen der Neuzeit haben die Idee der Freiheit in der einen oder anderen Weise als das wichtigste Kennzeichen der Menschlichkeit betrachtet; sie haben in ihr die Würde und Hoheit des Menschen erblickt, wodurch er sich von allen anderen Dingen und Wesen unterscheidet. Freilich hat bereits das Altertum diese Idee gekannt und in ihr eine den Menschen auszeichnende Eigentümlichkeit hervorgehoben. Insbesondere hat Aristoteles in seiner Ethik das Wesen dieser Eigentümlichkeit genau analysiert und erklärt, daß sich Freiheit und Tugend so wenig voneinander trennen ließen wie Vernunft und Tugend, daß infolgedessen die Freiheit des Willens wesensmäßig zum sittlich guten Leben gehöre. Indessen hat Aristoteles so wie die Antike überhaupt die Tiefe des Problems nicht gesehen, weil er die erkennende Vernunft über den sittlichen Willen stellte und sie als die eigentliche Wurzel der Tugend und aller Tugenden begriff. Der Wille ist nach seine Ansicht wie nach derjenigen aller griechischen und überhaupt aller vorchristlichen Denker sittlich gut, wenn er sich der vernünftigen Einsicht unterordnet und ihr entsprechend handelt.

Erst im Beginn der Neuzeit wurde die metaphysische Ursprünglichkeit und Fragwürdigkeit der menschlichen Freiheit voll erkannt. Erst nachdem die kausale Notwendigkeit des Naturgeschehens in den Vordergrund des philosophischen Interesses gerückt war, konnte die Schwierigkeit sie mit der Freiheit des menschlichen Willens zu vereinbaren in den Horizont des metaphysischen Denkens eintreten. Wenn alles Geschehen kausal bedingt ist, wie kann die Freiheit des Wollens und Handelns dieser Bedingtheit entzogen werden? Sind sie nicht wie alles Geschehen an die universale Notwendigkeit gekettet? Alle naturalistische Metaphysik muß in der Tat, wenn sie konsequent sein will, das Wollen und Tun des Menschen wie überhaupt sein ganzes Dasein und Leben in die alles durchherrschende Kausalität einbeziehen. Die Freiheit scheint daher eine Anomalie, ja eine Illusion zu sein. Wir glauben die Herren unseres Willens zu sein, aber wir sind in Wahrheit bestenfalls „die Geschäftsführer des Weltgeistes", wie Hegel behauptet hat. Wäre der menschliche Wille nicht an Motive gebunden, die er selbst nicht verursacht, so könnte er nicht in der raum-zeitlichen Welt existieren und in ihr sich entfalten. Allem Anschein nach aber gehört er zu dieser Welt und ist daher durch sie determiniert. Nietzsche war daher ebenso inkonsequent in dieser Hinsicht, wie er es überall war, wenn er in seinem „Zarathustra" predigte, der Mensch solle sich zum Übermenschen hinaufentwickeln, während er in anderen Schriften die Wiederkehr des Gleichen lehrt, welche alle Höherentwicklung ausschließt. Er wollte zugleich ein kosmologischer Determinist und ein pädagogischer Indeterminist sein. Er verneinte mit derselben Selbstsicherheit die menschliche Freiheit, mit der er sie andererseits bejahte und zur Voraussetzung seiner antiethischen Ethik machte.

Der erste, soweit ich sehe, der die durch die Freiheit begründete und in ihr sich äußernde Sonderstellung des Menschen im Universum in klaren Worten und beinahe leidenschaftlich ausgesprochen hat, war Pico della Mirandola. In seiner berühmten Rede über die Würde des Menschen pries er die einzigartige Fähigkeit des Menschen sich seinen Platz selbst zu wählen. Der Mensch, so behauptet er, befindet sich im Mittelpunkt der Welt; daher kann er ebensosehr sich zum Tiere erniedrigen, wie er sich emporschwingen kann zur Gottheit. Der Mensch ist nicht wie alle anderen Dinge und Wesen durch seine Natur bestimmt und gebunden, sondern kann sich selbst bestimmen. Er kann sich seinen Wert und sein wirkliches Sein durch seine eigene freie Entscheidung zueignen. Seine Freiheit sich nach den oberen Sphären hin zu erheben oder aber in die unteren abzugleiten, ist daher nicht bloß als eine Eigenschaft zu verstehen, die sich mit anderen Eigenschaften der zur Sinnenwelt gehörigen Dinge vergleichen ließe, sondern hat eine metaphysische Bedeutung. Der Mensch ist durch sie über den das Naturgeschehen beherrschenden allgemeinen Kausalzusammenhang, der keine Freiheit duldet, hinaus – und in einen ethisch und religiös von der Natur und der in ihr alles Geschehen ordnenden Notwendigkeit völlig geschiedenen Zusammenhang hineingestellt.

Freilich zog Pico nicht die Konsequenzen aus dieser alle bisherige Spekulation umstürzenden Philosophie, sondern blieb innerhalb der Renaissancekosmologie befangen. Erst Kant brach völlig mit dieser Tradition und allen aus der Antike stammenden metaphysischen Vorstellungen, indem er zwischen Natur und sittlicher Welt einen scharfen Strich

zog und alle metaphysische Spekulation aufgab. Er öffnete
die Tiefen der Freiheitsidee, indem er sie aus der theoretischen Sphäre in die der praktischen Vernunft verpflanzte.
Als eine Idee, welche nur im Bereich sittlichen Wollens und
Handelns sich verstehen läßt, opferte er die Möglichkeit
ihres ontologischen und kosmologischen Begreifens. Nur
als Voraussetzung und als Postulat der „reinen" praktischen Vernunft ließ er sie gelten. Er sagt, daß keine Spekulation das Zusammen von Natur und Freiheit erklären
könne. Nur die radikale Verschiedenheit von Naturnotwendigkeit und sittlichem Willen läßt sich einsehen. Dieser
Wille und sein Handeln fordert die Möglichkeit einer die
Natur und ihre kausale Gesetzlichkeit überschreitenden
„intelligiblen" Welt und damit einer unsere theoretische
Erfahrung einschränkenden „kritischen" Selbstbegrenzung
des Verstandes. Die Natur sinkt damit zu einer bloßen
„Erscheinung" herab, während die sittliche Vernunft zwar
eine Notwendigkeit und damit eine theoretische Erkenntnis analog derjenigen der Naturwissenschaft nicht zulasse,
aber gerade deshalb für die Idee der Freiheit Platz schaffe.
Der sittliche Wille, der die menschliche Person kennzeichnet und sie überhaupt erst im eigentlichen Sinne zur Person
macht, ist nach Kant daher nicht zur Erscheinungswelt
gehörig, sondern transzendiert diese und ragt in die nicht
bloß erscheinende, sondern an-sich-seiende, die letzthin
wirkliche Welt hinauf. Deshalb schreibt Kant dem menschlichen Subjekte oder dem wollenden und handelnden Ich
eine Unabhängigkeit von der Naturnotwendigkeit oder
eine für den Willen wesentliche Freiheit des Entschlusses
und des Handelns zu. Mit anderen Worten, das Ich ist

Subjekt seines Tuns und nicht bloß, wie die Erscheinungen, Objekt des Anschauens und Erkennens.

Diese ebenso tiefsinnige wie einleuchtende Lehre ist von den Nachfolgern Kants oft entweder zu einer Ich-Metaphysik erweitert worden (Fichte) oder in eine verfälschende Willensmetaphysik umgedeutet worden (Schopenhauer). Damit wird der von Kant so stark betonte und ausdrücklich durchgeführte Unterschied zwischen praktischer und theoretischer Vernunft verwischt oder gänzlich verleugnet und so gerade das Charakteristische und Zentrale der Kantischen Philosophie zerstört. Diese Philosophie verneint gerade die Möglichkeit der Metaphysik, wenn diese versucht, die unbegreifliche Dualität von Erscheinungswelt und sittlichem Ich aus einer höheren Einheit herzuleiten. Kant ist Dualist, insofern er an der Zweiheit dieser beiden Gebiete eisern festhält. Zwar läßt Kant für eine solche Einheit Raum, da er nicht daran zweifelt, daß Erscheinungswelt und sittliches Ich auf einen gemeinsamen Ursprung hindeuten. Aber dieser Ursprung ist für unsre Vernunft unzugänglich und daher unbegreiflich und unergründlich. Nur in einer Hinsicht wagt Kant den Schleier, der über diesem Urgrunde liegt, zu lüften. Er ist überzeugt und behauptet, daß die praktische Vernunft der theoretischen in gewissem Sinne überlegen ist, ja daß die praktische Vernunft die „Wurzel" der Vernunft überhaupt ist. Das Ich ist sozusagen näher an der unbegreiflichen, Erscheinung wie Freiheit umfassenden, Einheit als die Objekte der Erfahrung und der wissenschaftlichen Erkenntnis. Fichtes und Schopenhauers Irrtümer erklären sich aus dieser „Nähe". Zwar ist das Ich nicht die letzte Einheit und das „An-sich" aller Dinge, aber es ist doch, was die Objekte nie sein können, „für" sich selbst Ich. In diesem Für-sich-sein liegt die Überlegenheit des wollenden und handelnden Subjekts, seine Freiheit von der Naturnotwendigkeit, der alle Objekte unterworfen sind.

Auf Grund des „Primats der praktischen Vernunft" muß auch die an sich unbegreifliche Einheit von Natur und Ich oder von Notwendigkeit und Freiheit vom sittlichen Willen her verstanden werden und nicht durch den erkennenden Verstand. Die Idee dieser verborgenen Einheit ist nach Kant die Idee Gottes. In ihr wird nicht ein dem menschlichen überlegener Verstand, sondern ein die Erscheinungswelt oder Natur erschaffender höchster Wille gedacht, ein heiliger Wille, der zugleich der Urheber auch der Menschenwelt und somit der Freiheit des menschlichen Willens ist. Nur wenn wir diese höchste Idee theoretisch erkennen könnten, würde es möglich sein, auch die Freiheit in ihrem Ursprunge und ihrem Endzwecke zu erkennen. Da aber Gott und die menschliche Freiheit des Wollens und Handelns theoretisch unergründlich sind, so müssen wir uns damit begnügen, beide als Ideen der praktischen Vernunft zu verstehen. Als sittliche Wesen können wir diese Ideen nicht entbehren, dürfen uns aber auch nicht anmaßen, sie spekulativ zu ergründen. Alle Spekulation will das seinem Wesen nach Unerkennbare erkennen, worin nicht nur Anmaßung, sondern Mangel an philosophischer Einsicht liegt, da es unmöglich ist, das Wollen in ein Erkennen zu verwandeln und die nur dem Wollen zugänglichen Ideen zu Objekten des Erkennens zu machen und sie damit zu verfälschen.

Die Freiheit ist eine dem sittlichen Wollen immanente Idee. Sie ist aber auch die Bedingung des Erkennens selbst. Nur als freie Wesen können wir es unternehmen die uns umgebende Natur wissenschaftlich zu erforschen und ihre Gesetzmäßigkeit zu erfassen. Ein durch die Naturnotwendigkeit gebundener und daher unfreier Verstand könnte niemals zu theoretischer Wahrheit vordringen. Er kann nur dann eine solche Wahrheit finden, wenn er außer und über den Objekten steht, die er erforschen will. Also muß er selbst frei sein von dieser Gesetzmäßigkeit und Notwendigkeit. Kants „Kritik der reinen Vernunft" beweist in ihrem analytischen Teile diese Verbindung zwischen Natur und Verstand, zwischen objektiver Notwendigkeit und subjektivem Erkennen. Diese Kantische Lehre stimmt mit der Tatsache überein, daß nur der Mensch, nicht das Tier Wissenschaft hervorbringt. Nur ein der Vernunft gehorchendes und mit Vernunft ausgerüstetes Wesen kann die verstandesmäßige Notwendigkeit der Naturprozesse erforschen und zu objektiver Erkenntnis der sie beherrschenden Gesetze vordringen, wie dies seit Galilei geschehen ist. Solche wissenschaftliche Erkenntnis war aber nur möglich, weil der Mensch nicht selbst durch die Naturnotwendigkeit beherrscht wird, sondern vermöge seiner Willensfreiheit sich über die Natur erheben und sie zum Objekte seiner Erfahrung, Beobachtung und experimentellen Erforschung machen kann. Wissenschaft ist daher trotz des theoretischen Charakters des Erkennens zugleich auch ein praktisches Verfahren, welches Wollen voraussetzt und Tätigkeit erfordert. Nur deswegen kann das wissenschaftliche Erkennen fortschreiten und sich selbst korrigieren und regulieren. Es ist nicht, wie das platonisch verstandene Wissen der Ideen ein Schauen (theoria), sondern ein aktives Handeln; weshalb die Wissenschaft sich entwickeln und schrittweise der Wahrheit annähern kann.

Diese Lehre erhöht den Menschen über alle Objekte oder Erscheinungen. Sie macht ihn nach einem von Kant geprägten Worte, das heute wieder von theologischer Seite (Bonhoeffer) erneuert worden ist, „mündig". Sie ist in vollem Einklang mit der seit Galilei uns geläufig gewordenen Ausschaltung aller Metaphysik und aller Theologie aus den physikalischen Wissenschaften im Gegensatz sowohl zur griechischen wie auch zur mittelalterlichen Denkart. Bei aller Größe, und trotz dem durch den Erfolg bestätigten Wahrheitsgehalt der neuzeitlichen Auffassung, die durch Kant ihre philosophische Grundlegung erhalten hat, liegt aber doch auch der Keim zu einer Gefahr in dieser „Autonomie" des menschlichen Geistes. Heute ist diese Gefahr jedem deutlich geworden und hat ihren Höhepunkt erreicht in den Ideologien, welche laut Existenz Gottes bestreiten und die „Mündigkeit" des Menschen weit über das Gebiet der physikalischen Wissenschaften ausdehnen. Es kann nicht geleugnet werden, daß bereits Kant selbst und noch wagemütiger Kants Nachfolger die menschliche Vernunft zur Richterin auch in den transphysikalischen Regionen machen. Bereits Kants „Religion innerhalb der Grenzen der bloßen Vernunft" und noch kühner Fichte in seiner Schrift „Kritik aller Offenbarung" überschritten die Grenzen der menschlichen Autonomie, indem sie die der Religion vorbehaltene und ihr eigentümliche, die menschliche Vernunft einschränkende Verkündigung durch philo-

sophische Einsicht und Kritik zu beherrschen und zu ersetzen begannen. Eine „Religion innerhalb der Grenzen
der bloßen Vernunft" kann es wesensmäßig nicht geben.
So wenig Caesar an die Stelle Gottes treten kann, so
wenig kann menschliches Begreifen eine göttliche Offenbarung vorwegnehmen oder völlig verdrängen. Das Wort
„Offenbarung" verliert seinen Sinn, wenn die menschliche
Vernunft sich erdreistet, das göttliche Geheimnis durch
begriffliche Methoden zu lüften. Kant gibt dies auch zu,
da er in seiner Religionsphilosophie, wenn auch nur sehr
kurz und beiläufig, die Gnadenwahl ein Geheimnis nennt.

Freilich stoßen wir hier auf ein schwieriges Problem,
da die Vernunft, solange sie sich treu bleibt, kein Recht hat
zu behaupten, daß es ein göttliches Geheimnis gibt oder
überhaupt vom Göttlichen irgend etwas Positives auszu-
sagen. Es ist bereits fraglich, ob die Vernunft die Vollmacht
und die Fähigkeit hat, sich selbst zu begrenzen, wie Kant das
in seiner „Kritik der reinen Vernunft" zu tun unternimmt.
Diese Problematik hat in der Entwicklung des deutschen
Idealismus von Kant bis Hegel eine entscheidende und ver-
hängnisvolle Rolle gespielt, indem die Vernunft durch sich
selbst dazu gedrängt wurde, sich in Theologie zu verwandeln oder die Aufgabe der Theologie ihrerseits ohne Beru-
fung auf Offenbarung zu lösen. Wenn man auf dem Wege
philosophischer Analyse beweisen will, daß diese Analyse
zu Widersprüchen führt, so wird alles Beweisen hinfällig,
da der Widerspruch seinen Lebensnerv zerstört. Sokrates
war folgerichtiger, wenn er gestand, daß er nur sein Nichtwissen wisse, und auch Nikolaus Cusanus sah besser den
sich hier öffnenden Abgrund, wenn er das philosophisch-

theologische Wissen eine docta ignorantia, d. h. ein gelehr-
tes Nichtwissen nannte.

Aus „reiner" Vernunft läßt sich in der Tat nichts beweisen, da selbst das empirische Wissen der Naturwissenschaft eine nicht aus der Vernunft, sondern aus der Erfahrung stammende Grundlage nicht entbehren kann, und die
„Kritik" der Vernunft eben eine Kritik des auf Erfahrung
zurückgehenden Wissens ist. Die religiöse Erfahrung aber
nennen wir „Offenbarung", weil sie nicht wissenschaftlichen Charakter trägt, sondern der Beziehung des Menschen zu dem übermenschlichen Göttlichen entstammt.
So wie es eine Ästhetik gibt, die sich auf die nicht-wissen-
schaftliche Erfahrung des Schönen stützt, so kann es auch
eine Religionsphilosophie geben, die das religiöse „Wissen"
betrifft. Die Ästhetik erhebt nicht den Anspruch, selbst das
Schöne aus reiner Vernunft hervorzubringen; so will auch
die Religionsphilosophie nicht selbst Offenbarung sein oder
die Offenbarung aus der reinen Vernunft herleiten, vielmehr wollen beide, jede in ihrer Weise, das Schöne und das
Göttliche verstehen oder begreifen, indem sie auf die ästhetische oder religiöse Erfahrung sich gründen. Nur mit
solchem Vorbehalt ist es der Vernunft möglich, auf das
Geheimnis der göttlichen Offenbarung ein philosophisch-
theologisches Licht zu werfen, welches den Unterschied
zwischen Freiheit und Gnade erläutert. Auch das Problem
der Freiheit kann nicht durch reine Vernunft gelöst oder
aufgelöst werden, sondern mündet zuletzt in das Unergründliche. Die Gnade andrerseits, obwohl alles Menschliche überstrahlend, kann doch aus der menschlichen Erfahrung des Göttlichen zu einem gewissen Grade erhellt

werden. Gerade das Verhältnis von Freiheit und Gnade
ermöglicht eine solche menschliche Erleuchtung des Übermenschlichen, indem dadurch die Grenzen der Freiheit
deutlich werden, die auf eine Ergänzung durch die göttliche
Gnade hinweisen und andererseits die Grenze des göttlichen Bereichs festlegen, welche der Freiheit Raum gibt, ja
sie als Vorbedingung der Gnade oder ihrer Einwirkung auf
den Menschen enthüllt.

I. FREIHEIT

A. Freiheit und Notwendigkeit

Solange als wir in der theoretischen Philosophie, in Logik, Ontologie und Erkenntnistheorie verweilen, bleibt der Gegensatz von Freiheit und Gnade unberührt. Nicht nur die Gnade, sondern auch die Freiheit taucht in jenen theoretischen Wissenschaften nicht auf. Erst ethische Überlegungen stoßen auf die Idee der Freiheit; sie aber beschäftigen sich nicht mit dem Problem oder Rätsel der Gnade, die erst im religionsphilosophischen Zusammenhang ihre Rolle entfaltet. Die Idee der Freiheit, wie sie in ethischen Erörterungen zur Geltung kommt, betrifft das sittliche Wollen und Handeln des Menschen. Der Gegensatz zu dieser Idee ist nicht die göttliche Gnade, sondern die Naturnotwendigkeit oder die in der Natur waltende Verbindung von Ursache und Wirkung, ohne deren Begriff und deren Wirklichkeit Naturwissenschaft unmöglich ist. Heute ist freilich die Physik nicht mehr so sicher, daß die kausale Notwendigkeit die Vorgänge der Natur regelt, wie sie es vor Ausbildung der Quantentheorie war, da diese Theorie annimmt, daß die den Atomkern umkreisenden Elektronen nicht mit Notwendigkeit in ihren Bahnen sich bewegen, sondern daß diese Bahnen nur mit einer statisti schen Wahrscheinlichkeit eingeschlagen werden. Immerhin bedeutet diese revolutionäre Änderung der physikalischen Auffassung nicht, wie in ihrer philosophischen Deutung bisweilen behauptet wird, daß damit das kausale Denken radikal verlassen worden ist und daß die Idee der Freiheit somit in die Physik Einlaß gefunden hat.

Wahrscheinlichkeit des Geschehens ist nicht Freiheit des Wollens. Vielmehr ist sie eine Art von Notwendigkeit, und zwar je nach der Interpretation der Physiker entweder eine Notwendigkeit, die wir nicht vollständig beobachten und berechnen können oder eine statistische Notwendigkeit, die nur durchschnittlich besteht, aber im Einzelfall durch Zufälligkeit getrübt ist. Notwendigkeit als solche ist immer nur generell, sie kennzeichnet das Geschehen als ein durch Gesetze bestimmtes. Der Einzelfall, der dem Gesetz unterliegt, hat jedoch auch immer etwas Zufälliges an sich. Das Verhältnis von Gesetz und Einzelfall ist analog dem von Form und Materie oder von Aktualität und Potentialität in der Aristotelischen Metaphysik. In der Natur ist immer beides vorhanden, die Gesetzlichkeit, welche Notwendigkeit des Geschehens verbürgt, und die Zufälligkeit, welche das Notwendige zu einem Wirklichen und Einzelnen, zu einem individuell Soseienden macht. Die Keplerschen Gesetze gelten allgemein für den Umlauf der Planeten um die Sonne. Daß es aber gerade diese Planeten gibt, welche die Sonne umkreisen, ist aus den Keplerschen Gesetzen nicht abzuleiten und daher im Sinne ihrer Gesetzlichkeit zufällig. Diese Zufälligkeit alles naturhaft Wirklichen ist jedoch keine Freiheit, welche erst im menschlichen Wollen auftritt.

Notwendigkeit hat daher zwei Gegensätze: Zufälligkeit und Freiheit, die erstere allem Wirklichen zu eigen, die Freiheit aber den menschlichen Willen und das menschliche Handeln allein auszeichnend. Wir betreten eine völlig neue Ebene, wenn wir vom Naturgeschehen zum menschlichen Wollen aufsteigen. Zwar gehört der Mensch auch der Natur an und unterliegt ihren Gesetzen, aber er gehört nicht nur der Natur an, sondern einem aus der Natur nicht ableitbaren, sich aus ihr heraushebenden, gänzlich neuen Bereich, dem des Wollens und Handelns. Als naturgebundenes Wesen ist er ebenso unfrei wie alle zur Natur gehörigen Dinge, als wollendes und handelndes Ich dagegen ist er frei. Er kann aber auch im Wollen und Handeln niemals absolut oder uneingeschränkt frei sein, da er in Raum und Zeit lebt, einen der Natur entstammenden Leib hat und daher Bedürfnisse, welche er mit dem vernunftlosen Tiere gemein hat. Er kann nichts wollen, was er nicht auf Grund dieser Bindung vollführen oder erreichen kann. Wenn Kant die Unsterblichkeit ethisch „postuliert", und wenn Unamuno „fordert" unsterblich zu sein, so bleiben solche philosophischen Argumente problematisch, weil sie die Schranken vernachlässigen, die der Freiheit gesetzt sind. Der Mensch kann wohl auf Grund seiner wissenschaftlichen Erforschung der Natur und auf Grund von Entdeckungen und mit Hilfe von technischen Instrumenten und Maschinen die ihm von der Natur gegebenen Lebensbedingungen zu einem gewissen Grade erweitern, aber er kann niemals diese Bedingungen so weit ausdehnen, daß seine Freiheit dadurch grenzenlos würde. Wie alle Dinge und Wesen, die der Erscheinungswelt angehören, ist auch er der Notwendigkeit untertan. Die Technik kann Dinge hervorbringen, die ans Wunderbare grenzen, sie kann die Welt, in der wir leben, in ungeahnter Weise verändern und dadurch unser Leben in vielfältiger Weise umgestalten, aber zuletzt stößt auch sie auf Schranken, die unübersteigbar sind. Schon Sophokles wußte um die erstaunliche Macht der menschlichen Schaffenskraft: „Viel des Gewaltigen gibt es, aber nichts ist gewaltiger als der Mensch" singt er.

Es ist nicht nur die Natur, welche den Menschen einschränkt und seine Freiheit begrenzt, sondern auch der Mensch selbst und seine Institutionen erlauben uns nicht, beliebig weit unsere Zwecke und Ziele auszudehnen. Der Wille eines jeden Menschen wird durch den Willen des Mitmenschen eingeengt. Die Gesellschaft und der Staat errichten Wälle. Allerdings findet ein grundsätzlicher Wandel im Begriff der Einschränkung des Willens statt, wenn wir uns von der Natur zur Menschenwelt wenden. Die durch das Dasein anderer Menschen, durch die Gebote der Moral und die Gesetze des Staats, sowie durch die in einer Epoche obwaltenden kulturellen Umstände erzeugten Hemmungen der Freiheit des Einzelnen sind völlig anderer Art als die Notwendigkeit, welche durch die Gesetzlichkeit der Natur entsteht. Beide vereint führen eine eingreifende Beschränkung des freien Wollens und Handelns herbei. Während jedoch die Macht der Natur außerhalb der menschlichen Freiheit und des menschlichen Willens sich entfaltet, ist die Menschenwelt selbst innerhalb der Freiheitssphäre wirksam und selbst durch die menschliche Freiheit konstituiert. Daher ist die Unfreiheit, welche in ihr herrscht, keine Naturnotwendigkeit, sondern geschicht-

lichen Ursprungs. Gegen die in der Natur sich verwirk-
lichende Gesetzmäßigkeit kann der Mensch sich nicht auf-
lehnen, wohl aber gegen die im Reiche der Sitten, der
Moral und des Staates. Der Gegensatz von Freiheit und
Notwendigkeit ist nicht loszulösen von demjenigen, der
Natur und Geist oder Wille unterscheidet. Es gibt keine
Freiheit in der Natur, weil es in ihr kein Bewußtsein gibt.
Freiheit ist ein problematischer Begriff, weil der Mensch
beiden Reichen angehört, der Natur und der sittlichen
Welt.

Der Gegensatz von Freiheit und Notwendigkeit ist
durch kein metaphysisches System zu beheben oder auch
nur zu begreifen, wie die Alten und das Mittelalter ver-
meinten und wie noch Leibniz glaubte, weil er die „Mona-
den“ nicht mit sittlicher Freiheit ausstattete, sondern sie
nach dem Kantischen Wort als „Automaten“ ansah, die
zwar verschiedenen Rang haben, aber alle derselben Notwendigkeit untertan sind. Altertum und Mittelalter waren
kosmo-theologisch gesinnt. Deshalb entging ihnen die
Eigenart des menschlich-sittlichen Ichs. Erst Kant ent-
deckte diese Eigenart und erst ihm erschloß sich die Tiefe
des Freiheitsproblems. Erst Kant sah, daß es nicht nur den
Gegensatz von Welt und Gott gibt, sondern daß der
Mensch zwischen beiden steht und daß seine Freiheit auf
diesem „Zwischen“ beruht. Die eigentlich aufregende und
beunruhigende Frage ist nicht die, wie in der objektiven
Welt, welcher die Notwendigkeit durchgehend zugrunde
liegt, ein Wesen existieren kann, welches nicht oder nicht
nur durch den universalen Kausalzusammenhang alles
Geschehens bestimmt ist, sondern sich selbst bestimmt kraft

eines Willens, der aus ihm und nur aus ihm entspringt, sondern wie Welt und Ich zueinander stehen und sich gegenüberstehen. Daß ich als Wille nicht zur Welt der Objekte gehöre, sondern einem transmundanen Bezirk des Seins, in dem ich unabhängig von dem kausalen Zusammenhang aller Dinge mich selbst bestimme, war weder den Griechen noch den Scholastikern noch den vorkantischen Denkern der Neuzeit in den Sinn gekommen. Zwar hatte Descartes einen Anflug dieses Ich-Problems verspürt, aber schon in den Meditationen gab er die zentrale Stellung des Ichs wieder auf, indem er das Sein in ausgedehnte und denkende Substanzen aufteilte und beide zusammen als Natur begriff.

Insofern die Freiheit nicht ein ontologischer Begriff, sondern ein ethischer ist, besteht zwischen ihr und der Notwendigkeit kein Widerstreit, wie Kant ihn noch in der „Kritik der reinen Vernunft" darstellt. Die Freiheit tastet den ontologisch-naturwissenschaftlichen Begriff der gesetzmäßigen Folge von Ursache und Wirkung gar nicht an, da sie die kausale Notwendigkeit nicht aufhebt, sondern voraussetzt und sie auf einer höheren Ebene zur Geltung bringt. Wenn diese Notwendigkeit nicht bestünde, wäre menschliches Wollen und Handeln gar nicht möglich. Eine Welt, in der es keine Notwendigkeit, sondern nur den Zufall gibt, ist völlig chaotisch und macht Planen und zweckmäßiges Wirken unmöglich. Wenn die Freiheit einem von der Natur verschiedenen Gebiete eigen ist, so kann ein Konflikt zwischen Notwendigkeit und Freiheit gar nicht entstehen. Die Freiheit hebt die Kausalität nicht auf, sondern macht sie den ethischen Zwecken des Menschen

dienstbar. Ein Konflikt zwischen den beiden Reichen der
Natur und der Freiheit bricht erst dadurch aus, daß der
Mensch an beiden teilhat und teils durch die Notwendigkeit in seinem Wollen und Handeln eingeschränkt ist, teils
aber in seinen Zwecken und Zielen die Notwendigkeit
zwar voraussetzt, aber auch durch sie relativ unfrei gemacht wird. Als Glied in der Kette kausalen Geschehens
kann er nicht souveräner Herr seiner selbst sein, sondern
muß es sich gefallen lassen, den ihm unterlegenen Kräften
zu dienen oder ihnen einen Tribut zu zahlen. In dieser
Hinsicht stehen sich Freiheit und Notwendigkeit als Freiheit und Unfreiheit feindselig und kämpferisch gegenüber.
Die Unfreiheit kann die Freiheit durchkreuzen und sie
ihrer Würde entkleiden, sowie die Freiheit selbst sich zur
Oberhoheit über die Unfreiheit machen und ihre eigenen
Zwecke und Ziele dem kausalen Universum auferlegen
oder aufzwingen kann, so daß sie die Herrin wird, welcher
die Notwendigkeit ihrerseits Dienste zu leisten, und vor
welcher sie sich zu beugen hat.

Diese sonderbare Doppelstellung bedarf genauerer Un-
tersuchung, welche uns in das Innere des Willenvorganges
hineinführt. Der Wille selbst ist nämlich in sich gespalten.
Kant spricht von oberem und niederem Begehrungsvermögen. Nicht nur ist der Mensch sowohl ein naturentstamm-
tes und ihr vielfältig verbundenes und an sie gebundenes,
dem Tiere verwandtes, durch organische Zwecke geleitetes
und ihnen höriges Lebewesen, sondern diese Verflochtenheit reicht auch noch hinauf in die höheren und höchsten
Regionen des „höheren Begehrungsvermögens". Als ein
dem Tiere verwandtes und ihm ähnliches Geschöpf ist der

Mensch ein durch Begierden, Bedürfnisse, Instinkte und
Impulse getriebener Organismus, eingefügt in den universalen Zusammenhang der Natur und der Notdurft untertan. Er kann nicht wollen, wie er wollen möchte, sondern
wie er wollen muß. Gesehen von diesem Standort ist er so
unfrei wie das Tier und alle organischen Wesen: „Geprägte
Form, die lebend sich entwickelt" (Goethe). Der Wille ist
zwar als Wille unterschieden von allen bloß organischen
Begierden oder Gelüsten, aber diese Verschiedenheit macht
ihn noch nicht zum freien Willen. Manche Existentialphilosophen heute sind geneigt, die menschliche Freiheit gänzlich
der Notwendigkeit zu entziehen oder sie als das entscheidende Merkmal des Menschen im Gegensatz zu der Unfreiheit aller anderen Wesen zu begreifen. Sie übersehen dabei
die Verflochtenheit des Willens mit den „niederen" Trieben.
Sartre trennt das An-sich-sein der Objekte von dem Für-
sich-sein des Menschen als des Subjekts seiner Willenshand-
lungen. So berechtigt diese Trennung in gewissem Sinne ist,
so darf doch nicht geleugnet werden, daß der Mensch trotz
seines Für-sich-seins doch auch ein Glied in der Kette der
an-sich-seienden Dinge ist. Das Verhältnis beider zueinander ist viel komplizierter, als die Unterscheidung des An-
sich- und des Für-sich-seins sie erscheinen läßt. Das Problem der Freiheit wird erst dann in seiner Schwere und
Tiefe gesehen, wenn diese Doppelheit des Menschen als
des Ichwesens berücksichtigt wird. „Es sind nicht alle frei,
die ihrer Ketten spotten" (Schiller).

B. *Wille und Willkür*

Die Freiheit des Willens ist nicht gleichbedeutend mit Willkür. Zwar ist der freie Wille nicht kausal determiniert wie die Geschehnisse in der Natur, aber an die Stelle der Ursächlichkeit tritt eine ihr analoge Bestimmtheit: das Motiv. Wenn ich frei handle, so handle ich doch nicht ohne Grund, sondern ich habe ein Ziel im Auge, das mich veranlaßt das zu wollen, was ich will. Freiheit ist nicht Willkür (liberum arbitrium), sondern zielbewußtes Wollen. Zwar bin ich nicht genötigt dies oder jenes zu wollen, wenn ich aus freiem Willen handle, aber der freie Wille hat doch einen Beweggrund oder ein Motiv, welches ihn determiniert. Er befindet sich nicht sozusagen in einem leeren Raum, sondern in einer konkreten Situation, aus welcher das Motiv entspringt, das ihn leitet und anspornt. Manche Existentialphilosophen verwechseln den freien Willen mit Willkür, die gewissermaßen aus einem Nichts entspringt. Aber kein Handeln ist derartig unveranlaßt, daß es weder eine Ursache noch ein Motiv hätte. Wenn man dem Wollen das Motiv abspricht, so fällt man in das kausale Denken zurück, welches an die Stelle des Motivs eine Ursache setzt, wie Instinkt oder Impuls. Nach Sartre besteht die Freiheit in einem solchen Willkürakt, der gänzlich unmotiviert und in diesem Sinne undeterminiert meinen Willen als den meinigen kennzeichnet. Wenn ich derartig willkürlich handle, bin ich jedoch nicht frei von irgendwelchen Antrieben oder Reizen, die mich bestimmen gerade dies oder jenes zu tun oder zu unterlassen. Mein Wille ist dann gerade nicht derjenige eines für-sich-seienden Ichsubjektes, sondern vielmehr ein Glied in dem kausalen Zusammenhang der objektiv bestimmten Folge von Empfindungen, Neigungen oder Bedürfnissen, die meine Freiheit einschränken oder gänzlich aufheben.

Insofern die Ichheit in solchen Willkürakten noch zur Geltung kommt, genießt sie nicht Willensfreiheit im strengen Sinne, sondern nur die Freiheit, zwischen verschiedenen Zwecken diejenigen auszuwählen, welche die größte Befriedigung zu geben versprechen. Wahlfreiheit, nicht Willensfreiheit entspricht der Willkür. Wahlfreiheit ist auch schon dem Tiere eigen. Der bekannte „Esel des Buridan", der zwischen zwei Bündeln Heu eines auswählt oder aber, wenn er diese Wahlfreiheit nicht besitzt, zugrunde geht, ist ein Beispiel dafür, daß auch das Tier nicht ohne Wahlfreiheit leben kann. Dieses Beispiel aber beweist nicht, daß das Tier einen freien Willen hat. Der menschliche Wille ist frei, nicht weil er zwischen verschiedenen Möglichkeiten eine auswählt und dementsprechend handelt, sondern weil er sowohl die Kausalität, wie die Willkür ausschaltet und sich über beide erhebt. Wenn der freie Wille jedoch nicht bloß etwas Negatives sein soll, sondern ein positives Ziel anstrebt, das nicht willkürlich gewählt ist und das alle aus dem organischen Zweckleben, ja sogar alle aus Selbstsucht oder Eigennutz dem wollenden Ich sich aufdrängenden Motive überragt, wo haben wir dieses Ziel zu suchen? Wie können wir etwas Positives wollen, das nicht nur aus dem „Willen zu leben" oder aus dem „Willen zur Macht" (Nietzsche) oder aus dem Suchen nach Glück entspringt, sondern den Menschen auf eine Ebene stellt, die alle diese empirischen Quellen des Begeh-

rens überragt? Geraten wir nicht in das völlig Leere, wenn
wir nach einem solchen Ziele ausschauen?

Schon Plato hat uns gelehrt, daß es eine höchste Idee gibt,
die jenseits alles Seins (epékeina tês ousías) und sogar als
die oberste Ursache alles Erkennens und aller Wahrheit
thront, die Idee des Guten, die zugleich die Idee des
Schönen und des Wahren in sich birgt. Zu dieser Gipfel-
höhe müssen wir emporblicken, um den positiven Inhalt
der Freiheit zu finden. Freisein bedeutet nicht Wollen, was
mir beliebt, es bedeutet nicht grundlos sein oder motivloses
Wollen, sondern im Gegenteil das alles Wollen letzthin
begründende Wollen. Nur das Wollen des Guten ist frei
von jeder Gebundenheit an selbstische Zwecke. Nur dieses
Wollen macht mich zu einem Selbst, das nicht bloß Selb-
stisches will, sondern mich aus der Welt des Selbstischen
herausreißt und mir einen Horizont eröffnet, der den engen
Raum des objektiv Gegebenen und des objektiv Erforsch-
baren ins Unendliche erweitert. Dieses höchste Ziel macht
mich erst zu einem wahren Ich, das nicht mehr bloß aus
einer Unmenge von Empfindungen und Bedürfnissen besteht, sondern vielmehr Herr dieser Elemente wird, sie in
sich zentriert und sie sich zueignet. Erst diese Einsicht erlaubt es mir, die Lehre von David Hume, der das Ich in
Empfindungen und Vorstellungen auflöst oder zersetzt,
grundsätzlich abzulehnen und dadurch die Existenz und
Eigenheit des Ichs wiederherzustellen, ohne die weder
Leben im menschlichen Sinne noch überhaupt Menschlichkeit und Menschheit möglich sind. Das Tier hat kein Ich
und keinen Willen, weil es unfrei ist und nur den Impulsen
und Instinkten seiner Natur gehorcht oder vielmehr durch

sie getrieben und gelenkt ist. David Hume macht den Menschen zu einem Tiere. Er kennt nur das Animalische, nicht aber das Menschliche.

Der Mensch ist Mensch nur, insofern er nicht nur getrieben wird, sondern sich selber lenkt und zwar nicht nur willkürlich, sondern entsprechend einem Ziele. Er ist wesentlicher Wille und nur dadurch ein Selbst oder Ich. Seine Freiheit ist nicht nur Wahlfreiheit, sondern Willensfreiheit, und diese ist nur möglich dadurch, daß der Wille ein Ziel außerhalb der empirischen Welt der Zwecke hat. Das Gute allein, welches in der erfahrbaren Welt der Objekte nicht existiert, sondern nur als Ziel des Wollens angestrebt werden kann, und welches durch uns niemals in seiner Ganzheit verwirklicht werden kann, ist in der Tiefe des Ichs angelegt. Ich bin nur ein Ich, wenn ich dieser Tiefe gemäß will und handle. Da ich aber nie dieser Tiefe gerecht werden kann, so bin ich immer nur ein werdendes Ich oder Selbst, niemals aber ein gewordenes und vollkommenes. Da ich ein empirisches Wesen bin, abhängig von Bedingungen, die ich nicht selbst erschaffen kann, so bin ich immer auch weniger als ein Selbst. Ich bin daher immer auch unfrei, genötigt zwischen verschiedenen Objekten zu wählen. Diese Wahlfreiheit ist immer auch eine Willkürfreiheit, da ich, gemessen an der Idee des Guten, als ein in der Erscheinungswelt lebendes Wesen Zwecke verfolgen muß, die meinen Bedürfnissen oder Neigungen entsprechen, aber in der Idee des Guten nicht enthalten sind.

Sartre sagt, wir seien zur Freiheit „verdammt". Nichts kann falscher sein als dieser Ausspruch. Wir sind im Gegenteil zur Unfreiheit verdammt, weil wir die Höhe des Guten

niemals im Wollen und Handeln erreichen können. Wenn
Jesus zu dem Jünger sagt, der ihn gut genannt hat: „Nenne
mich nicht gut, Gott allein ist gut“, so spricht er als empirischer, an die Welt in Raum und Zeit gebundener nicht-
göttlicher Mensch. Dennoch war der Jünger nicht ganz und
gar im Unrecht, da dieser sterbliche und deshalb unvoll-
kommene Mensch doch auch göttlich war und das Gute
allein zu seinem Ziele hatte. Deshalb war nichts, was er
tat, willkürlich und unbezogen auf das uns allen ausge-
steckte Ziel, sondern diente ihm und näherte sich ihm mehr
an als das Tun aller anderen Menschen. Zur Freiheit sind
wir Menschen nicht verdammt, sondern durch sie geadelt
und vor allen anderen Geschöpfen ausgezeichnet. Allerdings ist mit der Freiheit auch die Verantwortung verknüpft, die unser Dasein schwieriger gestaltet als das der
verantwortungslosen Tiere, die zwar ebensoviel durch
physische Mängel, durch den Kampf mit anderen und durch
Unfälle zu leiden haben wie der Mensch, aber alle durch
die Freiheit verursachten moralischen Bedrängnisse und
Konflikte nicht kennen. In dieser Hinsicht gleichen die
Tiere den heidnischen Göttern und Götzen. Der biblische
Gott dagegen leidet durch die moralischen Schwächen der
Menschen, und obwohl er nicht frei ist im menschlichen
Sinne, so ist er doch auch nicht unfrei, sondern lebt jenseits
des Gegensatzes von Freiheit und Unfreiheit, wie auch
jenseits des Gegensatzes von Wille und Willkür, da der
heilige Wille nicht mit den Bedürfnissen und Leidenschaften des Menschen beschwert und durch sie beschränkt, sondern immer in seinem Ziele ist, wenn er auch teilnimmt an
den unvollkommenen, immer nur strebenden Geschöpfen.

Der Mensch ist wesentlich Wille. Seine Freiheit ist aber nicht Wahlfreiheit noch Willkürfreiheit, sondern Freiheit eines zielbewußten, durch das Ziel verpflichteten und daher verantwortungsvollen Willens. Er ist ein Ich oder Selbst nur durch diese Freiheit, die aber zugleich Gehorsam gegen seine Bestimmung und damit gegen sein innerstes Dasein ist. Freiheit und Ichheit sind unzertrennlich voneinander, weshalb Sklaverei die Menschheit im Menschen verletzt und zwar nicht nur im Sklaven, sondern auch im versklavenden „Herrn“. Der Sklave ist der Willkür ausgeliefert, die ihn nicht als Subjekt, sondern als Objekt ihrer Interessen und Zwecke behandelt. Der „Herr“ verletzt seine eigene Würde und verfehlt das Ziel der Menschheit, indem er sich selbst der Willkür überläßt, statt den Willen im anderen zu achten. Der Sklave ist für ihn nichts anderes als das Tier, das seiner Selbstsucht und seinem Eigennutz dient. Selbst wenn er den Sklaven schont und gut behandelt, tut er es, weil dies seinem eigenen Wohle zugute kommt, so wie der Reiter für sein Pferd sorgt, damit es ihn trägt. Wer die Ichheit und Freiheit im Nebenmenschen nicht ehrt und hoch hält, kann sie auch in sich selbst nicht bewahren, sondern verfällt dem Hochmut, der Habsucht oder der Gewinngier, Untugenden, die sich sämtlich aus der Willkür ergeben, die an die Stelle des sich beherrschenden und dadurch frei werdenden Willens treten.

Henri Bergson, der in seinem genialen ersten Buche „Les données immédiates de la conscience“ (Die unmittelbaren Gegebenheiten des Bewußtseins) das Problem der Freiheit (in Verbindung mit dem Problem der Zeit) behandelt, verwechselt die Freiheit des Willens mit der biologisch-

organischen Zielstrebigkeit, die er der mechanisch-kausalen
Notwendigkeit entgegensetzt. Er sieht nicht, daß diese
Zielstrebigkeit selbst noch immer Notwendigkeit ist, wenn
auch nicht mehr auf der Ebene und in der Weise der mecha-
nischen Kausalität. Im Grunde ist Bergsons Philosophie
ein biologischer Idealismus. Die Freiheit, die er gegen die
Notwendigkeit ausspielt, verkennt den Unterschied zwischen organischer Zweckmäßigkeit und willensmäßiger
Selbstheit oder sich selbst organisierender Ichheit, die allein
menschliche Freiheit erzeugt. Zwar ist organische Zweckmäßigkeit eine Vorstufe der wahren Freiheit, verbleibt
aber doch noch innerhalb der Grenzen der Naturnotwendigkeit. Erst die Ichheit sprengt diese Grenzen und erobert
ein der gesamten Natur überlegenes Neuland.

C. *Die Freiheit und das Böse*

Die der Ichheit eigene Freiheit, so haben wir gesehen, ist
immer im Werden wie die Ichheit selbst. Wir sind nie am
oder im Ziele des Wollens, Strebens und Handelns, sondern
nur auf dem Wege zum Ziele. Es gelingt uns nie, die Vielheit der inneren Motive zu einer in sich vollendeten Ganzheit zusammen zu runden; schon deshalb können wir nie
diese Ganzheit erreichen und nie unsere Ichheit und Freiheit voll gewinnen, weil immer neue Antriebe unseren
Willen bewegen. Die Vielheit der Motive bleibt daher bis
zum Tode unabgeschlossen und unabschließbar. Wir sind
immer neuen Versuchungen ausgesetzt, weshalb die Gebets-
worte: „Führe mich nicht in Versuchung" eine so tiefe Be-

deutung für unser Leben haben. Die in der Idee der Freiheit enthaltene Aufgabe kann niemals endgültig gelöst werden. Ich bleibe mir selbst daher stets eine zu lösende Aufgabe. Deshalb kann auch der Inhalt der Freiheit nie konkret definiert werden. Die Freiheit ist nur als Idee faßbar, nicht als Begriff. In dieser Hinsicht müssen wir Kantianer bleiben, denn Kant war wohl der erste, der diese Einsicht klar ausgesprochen hat. Kämen wir je an das Ende des Wollens und Strebens, so wären wir Gott gleich. Da wir nie die Gottgleichheit zu verwirklichen vermögen, so bleibt die Freiheit sowohl für das Begreifen wie für das Handeln eine unendliche Aufgabe, deren Lösung wir uns zwar annähern, die wir aber nie besitzen können.

Diese Sachlage ist jedoch noch düsterer als bisher beschrieben, denn wir sind nicht bloß niemals fähig das Ziel zu erreichen, sondern es gibt in uns retardierende Kräfte, Kräfte, die uns nicht nur hemmen und zurückhalten, sondern uns sogar vom Wege abführen. Wir organisieren uns selbst nicht in einer geraden vorwärtsschreitenden Linie, sondern wir desorganisieren uns auch und fallen sozusagen dem „guten" Willen in den Rücken, indem wir ihn heimtückisch angreifen. Statt dem Sterne des Guten, Wahren und Schönen zu folgen, sind wir immer bereit, ihm auszuweichen, um der Willkür, den Leidenschaften, den Verlockungen nachzugehen. Auch hier hat Kant das Wahre erkannt, wenn er in seiner Religionsschrift vom „radikal Bösen" spricht, das in uns angelegt ist und das kein ehrlicher Mensch abstreiten kann. Wir weichen, so „gut" unser Wille auch immer sein mag, von dem schmalen Pfade, auf dem wir uns halten sollten, um dem Ziele uns zu nähern, ab und folgen den Einflüsterungen des Dämons, den wir nie ganz von uns abweisen und austreiben können. Im Kampfe mit Begierden und Reizen ist keineswegs das dem Guten zugewandte Ich immer der Sieger, sondern oft ist es der Besiegte. Kant hat jedoch, so scharfsinnig auch immer seine Erörterungen sind, eines nicht beachtet, was das Problem des Bösen erst in seiner ganzen Tiefe aufdeckt, nämlich seine Beziehung zur Freiheit. Da er den freien Willen als den Willen des nicht durch die Erscheinungswelt gebundenen Ichs auffaßt, so bleibt es bei ihm rätselhaft, ja sogar widersinnig, daß dieses Ich durch das „niedere" Begehrungsvermögen verleitet werden kann, vom Pfade des Guten abzuweichen und dem Bösen aus freien Stücken sich zu verschreiben.

Erst hier öffnet sich der Abgrund der Ichheit. Wie ist es möglich, daß sich das von den Ursachen der Erscheinungswelt losgelöste, nicht mehr durch die Notwendigkeit der Natur beherrschte, sondern sich selbst beherrschende und sich selbst bestimmende Selbst dennoch den Versuchungen erliegen kann, die es dazu verführen, der Selbstsucht oder den Lüsten nachzugeben? Ist das so verleitete Ich identisch mit dem sich frei und allein durch sich selbst beherrschenden guten Willen? Kant war zu sehr Analytiker, um das Problem des ganzen sowohl empirischen wie überempirischen, sowohl durch Kausalität wie auch durch Freiheit motivierten Ichs in seiner dialektisch-zweideutigen Natur zu gewahren. Er war so fest davon überzeugt, durch seine kritisch-transzendentale Methodik dem Rätsel beikommen zu können, daß er sich die Trennung der beiden Aspekte, desjenigen der Erscheinungswelt und desjenigen der diese

Welt transzendierenden Transzendenz, als die unüber-
schreitbare Grenze des Begreifens hinnahm. In dieser Ge-
nügsamkeit können wir heute nicht mehr verharren. Aber
wir können auch nicht die spekulative Kühnheit seiner unmittelbaren Nachfolger nachahmen, die glaubten, daß es
erlaubt und möglich sei, eine logisch haltbare universale
Synthese der Gegensätze, ein „System der Vernunft" zu
erbauen, welches die von Kant ungelöst gelassenen Rätsel
aufhellen und das „Ganze" der Existenz zu durchleuchten
fähig wäre. Vielmehr müssen wir dem Rätsel, ohne es zu
verdecken oder zu mindern, klar in die Augen sehen und
dann unsere Folgerungen aus diesem logisch verzweifelten,
aber in unserem Erleben sich unentfliehbar aufdrängenden
Tatbestande ziehen.

Wir sind nicht aus zwei entgegengesetzten Polen oder
Komponenten zusammengesetzt, sondern ein zwar gespal-
tenes, dennoch aber ein Ganzes, das nur deshalb gespalten
ist und sein kann, weil es ein solches Ganzes ist. Wir
könnten nicht in Versuchungen und Verlockungen geraten,
wenn wir nicht ein solches Ganzes wären. Sogar Gutes und
Böses sind seltsam verflochten in unserem Wollen, so daß
wir selbst nicht imstande sind, sie in jedem Einzelfalle aus-
einanderzuhalten. Nur Gott „sieht in das Herz". Durch
diese Verflochtenheit wird das Böse zum Dämonischen und
das Gute behält, und wird getrübt durch, einen „Erden-
rest zu tragen peinlich und wär er aus Asbest, er ist nicht
reinlich" (Faust II). Unsere Selbstheit ist sozusagen durch-
setzt mit Selbstsucht, so daß noch in unserer selbstlosen
Liebe ein Körnchen Selbstsucht enthalten ist. Wir sind geneigt, diesen Tatbestand zu verschleiern und uns vor unse-

rem Richterstuhl besser erscheinen zu lassen, als wir wirklich sind, weil wir nicht unbeteiligt in unserem Urteil sein
können, und weil die Anteile des Guten und des Bösen sich
nicht klar und deutlich voneinander scheiden lassen. Unser
„gutes“ Gewissen ist daher immer durch Skrupel und
Zweifel ungewiß gemacht und unser „schlechtes“ oder
„böses“ Gewissen mag bisweilen uns schwärzer vorkom-
men, als es dem Tatbestand entspricht. Deshalb können wir
auch niemals mit Sicherheit wissen, wie frei und wie unfrei
unser Wille in einem Einzelfalle war, denn wir sind immer
beides frei und unfrei zugleich. Wir können unsere Neigungen und unsere Ab- oder Zuneigungen niemals mit der
Goldwaage bemessen. Wir wissen zwar, daß wir weder
Gott gleich noch Teufel sind, aber zwischen diesen Ex-
tremen gibt es unendlich viele Mischungen. Von beiden
Seiten hin und her getrieben können wir nie zu einem
Ruhepunkte gelangen, von dem aus sich das Panorama
unserer Innenwelt mit Genauigkeit überschauen ließe, zumal sich das Bild ja in einem immer fließenden und stetig
wechselnden Zustande befindet.

Die Kantische Ethik mit ihrem rigorosen Antagonismus
von Pflicht und Neigung vereinfacht unleugbar diese innere
Beschaffenheit unseres Wesens und Lebens. Es gibt keine
Pflichten, in denen nicht auch Neigungen eine Rolle spielen.
Die „reine“ Pflicht ist ein abstraktes Gebilde, sowie die
„reine“ Neigung nie ohne Wurzel im konkreten Pflicht-
zusammenhang existiert. Schiller hatte deshalb recht,
wenn er leise den Kantischen Rigorismus verspottete. Der
sogenannte „Pflichtmensch“ ist ein unerträglicher Pedant,
soweit es ihn überhaupt in der Wirklichkeit gibt. Obwohl

der Kantischen Ethik gerade wegen ihrer Rigorosität eine
gewisse Erhabenheit und Größe nicht abzusprechen ist, so
stimmt sie doch mit der komplexen konkreten Wirklichkeit des moralischen Daseins und der menschlichen Per-
sönlichkeit nicht überein, weil sie einen zu dicken Trennungsstrich zwischen den zwar entgegengesetzten, doch
auch durch die Ichheit vereinigten Aspekten des lebendigen
Erlebens zieht. Ohne Neigungen gäbe es überhaupt keine
Pflichten, weil es dann kein Leben gäbe. Unsere zwischen
Freiheit und Unfreiheit schwebende Ichheit ist der Quell
unserer Lebendigkeit, die zwischen dem Guten und dem
Bösen in einer ruhelosen Unbeständigkeit eine dialektisch-
dramatische Spannung hervorbringt. Das Wort von Hutten
gesprochen in dem Gedichtzyklus von Conrad Ferdinand
Meyer trifft für jeden Menschen zu: „Ich bin kein ausge-
klügelt Buch, ich bin ein Mensch mit seinem Widerspruch."
Logisch ist zwar das Böse nicht mit dem Guten vereinbar,
aber in der Wirklichkeit unseres Ichs streiten beide ohne
endgültiges und gesichertes Gleichgewicht. Deshalb hat
Augustin recht, wenn er sagt: „Unruhig ist unser Herz,
bis es ruhet, o Gott, in Dir."

Wir sind weder Automaten noch sind wir Engel, sondern wir sind aus dem Dunkel der Tierheit zum Lichte
hinauf strebende moralisch-unmoralische Doppelwesen.
Als Fleisch gewordene „Reine praktische Vernunft" sind
wir für unser Tun und Lassen verantwortlich, ohne doch
die Last dieser Verantwortung ohne Reue und Scham
tragen zu können. Wir sind immer unschuldig-schuldig,
wie Goethe es von sich selbst gestanden hat (im Gedichte
„Ilmenau"). Deshalb ist jedes Leben tragikumwittert. Und

aus demselben Grunde entstehen die inneren Konflikte. Nur weil wir niemals uns von dieser Doppelheit und Zweideutigkeit befreien können, kann ein liebender Gott dem reuigen Sünder verzeihen. Erst und nur dieser göttlichen Vergebung löst sich der Widerspruch unseres Menschseins, den „reine Vernunft" nicht zu lösen vermag. Die Analyse der Freiheit führt uns daher an die Grenze der Ethik und der Logik, an die Grenze der Philosophie. Zugleich aber zeigt sie, daß es ein Land jenseits dieser Grenze gibt, in dem wir Aufschluß für das philosophisch Unergründliche finden können, freilich keinen Aufschluß, der das Unergründliche aus dem Wege schafft, sondern einen gerade der Unergründlichkeit angemessenen und sie voraussetzenden, Logik und Ethik hinter sich lassenden Ausweg. Dennoch ist Logik in dieser durch Logik nicht mehr zu bewältigenden Sachlage. Nur ein überlogisches und überethisches Gebiet kann das, was durch Logik und Ethik nicht mehr ergriffen werden kann, fortführen und ein den Widersprüchen entsprechendes, aber ihnen überlegenes und sie sinngemäß ergänzendes, höheres, alles bloß Menschliche überragendes, jenseits der Alternative von Notwendigkeit und Freiheit gelegenes Reich eröffnen.

In diesem Reiche hat nicht die Notwendigkeit, die in der Natur herrscht, sondern die Freiheit, die dem Ich als Ziel ausgesteckt ist, den Vorrang. Nur in ihrer Linie kann das Gute den endgültigen Sieg über das Böse erringen, da es in der Natur, in dem bloßen Kausalzusammenhang des objektiven Geschehens weder das Gute noch das Böse gibt. Der Sieg über das Böse kann vom menschlichen Willen und Handeln nicht mehr herbeigeführt werden, er kann nur von einem der Natur sowohl wie dem menschlich begrenzten Ich unendlich überlegenen, dem durch das Böse verführten und gefesselten endlichen Willen sich als Erlöser offenbarenden höchsten Ich gewonnen werden. Dieser Sieg, der den gesamten Kausalzusammenhang durchbricht und das durch sein niederes Begehrungsvermögen in Konflikt mit sich selbst geratene menschliche Selbst dem Verhängnis entreißt, kann nur auf wunderbare, dem Verstande und der Vernunft entzogene Weise sich ereignen.

Das Gute wird zum strengen Gesetz, wenn das Böse uns versucht und verblendet. Dann zieht es nicht mehr mit sanftem Zügel, sondern warnt und befiehlt mit dem harten und harschen: Du sollst! Kant hörte nur diese Stimme, dieses kategorische und despotische Fordern, nicht den aufwärts rufenden und einladenden Klang des Guten, der nicht nur Gehorsam verlangt, sondern auch zu unserem Herzen spricht, und der in tiefstem Einklang mit unserem innersten Wollen steht. Und doch wissen wir, wenn auch oft nur in ohnmächtigem Widerstande gegen die heißen Verlockungen der dämonischen Mächte, daß es das Gute ist, nach dem der Wille hinstrebt. Das Gute sammelt alle Kräfte und eint sie, während das Böse uns zerreißt und zersplittert, so daß wir Ichheit und Freiheit verlieren, wenn wir ihm nachgeben. Das Gute eint nicht nur uns selbst mit uns selbst, sondern es eint auch die Vielheit der Menschen untereinander, während das Böse sie entzweit. Das Gute ist aufbauend, das Böse zerstörend. Da aber Gutes und Böses niemals in Reinheit und abstrakter Gegensätzlichkeit, sondern immer verflochten und vermischt miteinander in der konkreten Wirklichkeit auftreten, ist Aufbau und Zerstörung immer miteinander verbunden wie Freiheit und Unfreiheit. Deshalb ist das reine Gute in der Geschichte und im Einzelmenschen niemals ohne seinen Widersacher tätig und das Böse existiert niemals, ohne daß ein Gran des Guten ihm beigemengt wäre. Das absolut Gute bleibt daher jeweils Ideal, das absolut Böse löst niemals Leben und Gesellschaft, Individuum und Gemeinschaft in Atome auf. Trotz dieser Verflochtenheit lassen sich Epochen relativer Harmonie von solchen relativer Disharmonie unterscheiden.

II. GNADE

Gibt es ein Reich, welches das der Freiheit und das der Natur in sich vereinigt, und welches der Ursprung beider ist? Da wir selbst diesen beiden Reichen angehören, da wir in gewisser Weise ihre Einheit in uns selbst erleben, so sollten wir annehmen, daß es allerdings ein solches drittes Reich gibt. Viele Denker halten die Natur für dieses dritte Reich. Sie sind überzeugt, daß wir aus der Natur herstammen, und daß letzterdings die Natur daher die gesuchte Einheit für Notwendigkeit und Freiheit sein müsse. Schon die Stoiker verstanden die Natur oder den Kosmos als das alles Daseiende umgreifende Ganze und wollten (freilich vergebens) die Notwendigkeit des kosmisch-natürlichen mit der Freiheit des menschlich-geistigen Daseins versöhnen, indem sie dem Kosmos eine universale Seele, eine geistige Schöpferkraft und einen alles beherrschenden Logos zuschrieben. Mit anderen Worten, sie verwandelten die physische Welt in eine metaphysisch-theologische und den Menschen in ein Abbild dieses dualistisch-monistischen Ganzen. Freilich kannten sie noch nicht die Idee einer alles Geschehen regelnden Kausalität und sahen daher in der Gegensätzlichkeit von Notwendigkeit und Freiheit kein unlösbares Problem. Dieser stoische Monismus hat bis auf den heutigen Tag seine Anziehungskraft nicht verloren. Im modernen Naturalismus lebt er fort, obwohl jetzt die

kausale Notwendigkeit so erstarkt ist, daß die Freiheit
entweder gänzlich preisgegeben werden muß oder ihren
wahren Charakter verliert.

Das Problem der Einheit von Notwendigkeit und Freiheit bleibt jedoch bestehen. Irgendwie müssen beide zusammengebracht werden, weil sie im Menschen vereinigt
sind. Deshalb ist die Idee eines übergeordneten dritten
Reiches unabweisbar. Da der Mensch, obwohl die Einheit
von Natur und Freiheit in ihm lebt, oder obwohl er selbst
diese Einheit ist, nur danach streben kann, die Idee der
Freiheit in sich selbst, in seinem Wollen und Tun zu verwirklichen, ohne jemals dieses Ziel zu erreichen, so müssen
wir Ausschau halten nach einem höheren Sein, welches
diese Unvollkommenheit des menschlichen Strebens er-
gänzt und das leistet, was dem Menschen für immer versagt
ist. Wenn es auch unmöglich ist, dieses höhere Reich je
denkend oder handelnd zu erfassen oder zu erschaffen, so
muß es doch möglich sein, wenigstens den geistigen Ort
zu bestimmen, in dem die menschliche Unvollkommenheit
sich als eine solche zeigt, die der Ergänzung bedürftig und
befähigt ist. Dieser Ort ist die göttliche Gnade. Zwar kann
sie die menschliche Freiheit nicht vollkommener machen, als
sie ist, aber auf einer neuen höheren Ebene kann sie in einer
neuen Weise das der Freiheit Fehlende ausgleichen, so daß
die Unvollkommenheit des Menschen ihren Stachel verliert.
So wie sich die Freiheit nicht aus der Natur erklären oder
ableiten läßt, so kann auch die Gnade nicht aus der Freiheit entspringen oder ihr höheres Recht von der Freiheit
empfangen. Vielmehr ist es eine unerwartete und unvor-
hersehbare Gabe, die durch sie dem Menschen zuteil wird.

Bedeutsamkeit und Göttlichkeit der Gnade ins vollste Licht zu stellen. Beide schrieben Streitschriften gegen diejenigen, welche der menschlichen Freiheit einen zu großen Spielraum sichern: Augustin gegen den irischen Mönch Pelagius, Luther gegen den großen Humanisten Erasmus von Rotterdam.

Augustin und Luther hatten ohne Zweifel darin recht, daß die Macht und Herrschaft Gottes alles Menschliche überstrahlt, ja daß letzterdings alles gering oder nichtig erscheint, verglichen mit ihr. Solange die Göttlichkeit Gottes nicht verkleinert oder gar geleugnet wird, muß zugestanden werden, daß sie nicht nur das Nicht-Göttliche, das Geschöpfliche, das Endliche und Vergängliche als nichtig erscheinen läßt, sondern auch als von Gott geschaffen, und daß daher alles, was den Menschen auszeichnet ebenso wie alles, was unter dem Menschlichen steht, als aus der Hand Gottes hervorgegangen und daher und insofern als unfrei und durch den Willen Gottes geleitet, angesehen werden muß. Augustin hatte selbst in seiner Jugend eine Schrift verfaßt (De libero arbitrio), in welcher er die menschliche Willensfreiheit aufs stärkste verteidigt hatte; erst im Alter, als Pelagius mit seinen Ansichten hervortrat und andere zu beeinflussen begann, wandte sich Augustin gegen diese Ansichten, die übrigens teilweise von der Kirche selbst übernommen wurden (Semipelagianismus). Luther, weniger philosophisch gesinnt als Augustin, war unerschütterlich davon überzeugt, daß nicht der menschliche, sondern allein der göttliche Wille herrschend ist und daher auch die menschlichen Entschlüsse und Handlungen verursacht. In seiner Streitschrift gegen Erasmus vergleicht er den Men-

schen mit einem Pferde, in dessen Sattel entweder Gott
oder der Teufel sitzt, so daß der menschliche Wille von ihm
in aller Form ausgeschaltet wird.

Diese weltgeschichtlichen Tatsachen sind zu berücksich-
tigen, wenn wir versuchen in das Dunkel hineinzuleuchten,
welches das Verhältnis von Gnade und Freiheit zu einem
Probleme ersten Ranges macht und den Denkenden anspornt, die gegensätzlichen Ansichten entweder miteinander
zu versöhnen oder Partei für eine Seite zu nehmen. Wenn
Gott oder Teufel den Menschen in seinen Willenshand-
lungen bestimmen und damit auch für die Folgen dieses
Handelns allein verantwortlich sind, so ist der Mensch nur
eine Marionette, hinter der die eigentlichen Akteure der
Weltgeschichte wie des persönlichen Lebens stehen. Eine
solche Deutung würde alle Sittlichkeit, alle moralische Verantwortung, alle Begriffe von Schuld und Strafe, alle
Erziehung, ja das gesamte menschliche Dasein unmöglich
machen. Wie können diese einander widersprechenden
Tendenzen so gedacht werden, daß die Widersprüche, wenn
auch vielleicht niemals vollständig, doch in erträglicher
Weise zusammengebracht werden? Im Grunde betrifft das
Problem des Verhältnisses von Freiheit und Gnade den
Gegensatz von Mensch und Gott und damit auch den von
Philosophie und Theologie. Diese beiden Wissenschaften,
die bei Aristoteles und dann wieder in der Scholastik nicht
getrennt waren, sind erst in der Neuzeit auseinandergeris-
sen worden. Sie gehören jedoch zueinander. Philosophie
gerät in das Schlepptau der modernen Physik, wenn sie die
theologische Fragestellung entweder als irrelevant oder als
illusionär ablehnt, und Theologie wird einseitig dogma-

tisch eng und leblos, wenn sie vermeint, ohne philosophische Grundlage auskommen zu können. Das Problem des Verhältnisses von Freiheit und Gnade zeigt aufs deutlichste, daß beide Einseitigkeiten vermieden werden müssen. Weder entspricht es der menschlichen Erfahrung, wenn wir den Menschen auf den Thron Gottes setzen, noch wenn wir die menschliche Willensfreiheit kurzerhand verneinen, um Gott allein die Ehre der universellen Ursächlichkeit oder Urheberschaft zuteil werden zu lassen.

A. Menschliche und göttliche Gnade

Das Wort Gnade (Charis, gratia) war auch der vorchristlichen Welt nicht unbekannt. Aber wie so viele aus dem Griechischen stammende und dann in das Lateinische übertragene Worte hat es schließlich einen durch das Evangelium vertieften und vergeistigten Sinn erhalten. Ursprünglich war es dem Worte Anmut nahe verwandt, doch hatte es bereits in der Antike einen religiösen Nebenton. Die Götter allein waren fähig Anmut zu verleihen, wie sie selbst der höchsten Anmut entsprachen und dadurch der würdigste und wichtigste Gegenstand der Kunst wurden. Aber auch in der christlichen Welt verlor das Wort nicht völlig seine außerreligiöse Anwendbarkeit. Freilich erhielt es in dieser Welt einen durch das Christentum leise getönten Charakter, wie die noch aus der Feudalzeit stammenden Ausdrücke „von Gottes Gnaden König", „gnädiger Herr", „gnädige Frau" usw. bekunden. Die Bezeichnung „Gottesgnadentum" der regierenden Fürsten verrät die

religiöse Herkunft. Da im Mittelalter Kirche und Staat in
enger Beziehung zueinander standen, so ist es nicht ver-
wunderlich, daß dem Kaiser oder König eine Huldigung
analog derjenigen des Menschen zu Gott entgegengebracht
wurde. Die gesamte Rechtssphäre war im Mittelalter noch
nicht von der religiösen Weihe so abgetrennt wie in der
Neuzeit, insbesondere seit den Revolutionen des 17. und
18. Jahrhunderts. Das Wort Begnadigung weist noch heute
auf diese enge Verbundenheit zurück. Es besagt eine über
das Recht hinausgehende Machtvollkommenheit, die der
göttlichen Vergebung entspricht. Wenn der Verbrecher
begnadigt wird, so wird die durch das Gesetz vorgeschrie-
bene Strafe aufgehoben, eine im genauen Sinne nur Gott
zustehende, das Recht außer Kraft setzende Handlung. Im
eigentlichen Sinne kann nur Gott Gnade üben, nur er
kann eine Barmherzigkeit, die über das menschliche Recht
hinausgeht, an die Stelle der strafenden Gerechtigkeit
setzen. Wenn der Richter oder das Gericht den Schuldigen
begnadigen, so übernehmen sie diese göttliche Barmherzigkeit gleichsam vertretungsweise. Sie lassen dann „Gnade
vor Recht ergehen“. Sie handeln dann nicht mehr rechtlich
im strengen Sinne, sondern brüderlich im Geiste des Evangeliums.

Der begnadigende Richter weiß um die allgemeine Gebrechlichkeit des Menschen, die jeden von uns zum Sünder
macht, weil keiner von uns „gut“ sein kann, wie allein Gott
es ist. Es ist somit die unsere Freiheit beschränkende religiöse Gnade, die hier in das menschlich-juristische Bewußtsein eindringt, und seine kalte Vernunftgerechtigkeit durchbricht. Nur der Höchste Richter kann, da er zugleich unser

Schöpfer ist und unsere Gebrechlichkeit kennt, gnädig und
barmherzig sein, der menschliche Richter nur abgeleiteter
Weise: nicht als Richter, sondern als Mitmensch, der die
gnadenspendende Liebe Gottes in seinem Herzen fühlt.
Was für die Rechtsprechung gilt, ist ebenso in der Erziehung wirksam. Der Lehrer oder die Eltern können dem
Zögling, der sich durch Ungehorsam oder auf andere Weise
fehlbar gezeigt hat, verzeihen und ihn in Gnaden wieder
freundlich behandeln, wenn er seine Schuld eingesteht.
Auch hier wie im Rechtsgebiete kann von einer Bestrafung
abgesehen werden, wenn die Beschränkung der Freiheit
durch Versuchung oder Verführung in Betracht gezogen
und zugunsten des Zöglings in die Waagschale geworfen
wird. Was Goethe im Faust von der Verführbarkeit der
menschlichen Seelen sagt, kann allgemein auf das Verhältnis von Freiheit und Gnade angewendet werden: „In die
Schwachheit hingerafft, sind sie schwer zu retten, wer zer-
bricht aus eigener Kraft der Gelüste Ketten“? Die den
schwachen Menschen umarmende Liebe wird ihn gnädig
wiederaufnehmen, wenn er gestrauchelt ist. Diese Liebe
und diese Gnade sind Vorstufen der göttlichen Liebe und
Gnade, ja es ist bereits die göttliche Liebe im Menschen, die
zur Begnadigung führt.

Freilich bedurfte es der sich aufopfernden Liebe in Jesus,
um diese göttliche Gnade im Menschen zu erwecken und
wirksam werden zu lassen. Nur die göttliche Gnade vermag die durch unsere Endlichkeit gehemmte Freiheit, die zu
Schuld und Strafe Anlaß gibt, aus diesem Engpaß in die
lichte Höhe der Erlösung herauf zu läutern. Nur sie kann
dadurch den Stachel von Schuld und Sünde von uns neh-

men und uns sittlich-geistig erretten. Menschliche Gnade
ist nur der Nachklang und Widerhall der göttlichen. Nur
der göttliche Wille ist heilig, der menschliche dauernd
bedrängt durch den Zwiespalt von „Ideal und Leben“,
wie Schiller ihn nennt. Deshalb kann der Mensch im genauen Sinne nicht gnädig sein, weil er niemals an das Ziel
der Freiheit und Ichheit gelangt. Die Heiligkeit des göttlichen Willens beruht eben darauf, daß er nicht gehemmt
und getrübt ist durch unheilige, selbstische, triebhafte oder
begehrliche Motive, welche verhindern, daß wir jemals
wahre Gnade austeilen können. Der Rigorismus der Kantischen Ethik beruht eben darauf, daß uns die Reinheit
und Heiligkeit des gnädigen Gottes versagt ist. Wo wir
glauben gnädig zu sein, mag Zärtlichkeit oder Zuneigung
oder Selbstliebe im Spiele sein. Die Höhe der von solchen
Affekten freien Gnade vermögen wir nicht zu erreichen.
Deshalb können wir nur Gott um Gnade bitten, und nur
er kann sie uns gewähren. Freilich gibt es Unterschiede
zwischen Mensch und Mensch, die sich auf die Fähigkeit
der Annäherung an Gottes Heiligkeit gründen, und die
deshalb einige Menschen mehr, andere weniger instand
setzen dem Ideale zu entsprechen. Aber selbst in den sogenannten „Heiligen“ finden wir Züge, die auf die Schwäche
der Menschennatur hindeuten. Selbst ein Augustin war
nicht über diese Schwäche erhaben. Und Jesus als Mensch
gesehen war zweifellos auch nicht so heilig, wie nur Gott
es ist. Insoweit er aber heilig war, wirkte Gott in ihm, war
er daher nicht nur Mensch, sondern Christus, der Herr.

B. Griechische Vorstufe christlicher Gnade

Der christliche und überhaupt biblische Begriff der Heiligkeit konnte in der griechischen Religion noch nicht existieren, weil diese Religion nicht auf ethischer, sondern auf
ästhetischer Auffassung des Göttlichen beruht. Zwar gab
es das Heilige (hieron) auch in der griechischen Welt, aber
es war nur von mythischer, nicht von moralischer Bedeutung. Es bezeichnete den auf die Götter hinweisenden Kult,
den Ort, an dem die Götter verehrt und angebetet wurden,
die Riten, welche bei diesem Kult vorgeschrieben waren,
die Kultgegenstände und ähnliches, kurz es grenzte die
religiöse Sphäre von der säkularen ab. Die Götter selbst
aber waren menschlich, nicht nur weil Dichter und Künstler
sie in Menschengestalt darstellten, sondern auch weil sie
moralisch nicht höher standen als die Menschen, von denselben Leidenschaften erfüllt waren, dieselben Untugenden
besaßen und aus denselben Motiven handelten. Zwar hatten sie Kräfte und Eigenschaften, die den menschlichen weit
überlegen waren, jedoch nicht in moralischer, sondern nur
in physischer Hinsicht. Allerdings waren sie, nicht wie die
Menschen, sterblich, sondern galten als unsterblich, ein bei
ihrer moralischen Schwäche freilich fragwürdiger Vorteil.
Bei Homer und Äschylus war Zeus nicht nur der mächtigste der Götter, sondern auch mit gewissen an das Moralische grenzenden Hoheitszeichen und Würden ausgestattet. Doch waren auch sie fern davon, die Heiligkeit des
biblischen Gottes zu erreichen.

Daher konnten die Griechen auch den Begriff der
Gnade, wie er sich in der Bibel findet, noch nicht kennen.

Dennoch dürfen wir in ihren religiös-ästhetischen Bild-
nissen und in ihren Dramen eine Vorstufe der biblischen
Offenbarung sehen. Wohl das großartigste und erstaun-
lichste Beispiel für die Höhe der griechischen Auffassung
und Darstellung ist die Oresteia des Äschylus. In ihr können
wir deutlich erkennen, daß der Verbrecher von unerträg-
lichen Gewissensbissen geplagt nur durch das Eingreifen
der Gottheit freigesprochen werden kann. Der sittlich-
zerrissene Mensch wird, auch wenn seine Tat sittlichen
Motiven entspringt, in das Verhängnis der Schuld hinein-
gerissen, welche eine Wiederherstellung und Befreiung
durch sein eigenes Tun unmöglich macht. Der Widerspruch
von Freiheit und Gnade wird in der Tragödie des Äschylus
aufs anschaulichste und eindrucksvollste dramatisiert. Er
wird zuletzt nur durch göttliche Macht gelöst. Die durch
den Gegensatz von sittlicher Vorschrift und der Unmöglichkeit sie ohne neue Verletzung der sittlichen, von der
Gottheit selbst eingesetzten Ordnung zu befolgen, ent-
stehende Tragik kommt zu großartiger Entfaltung.

Orestes fühlt sich verpflichtet, die Ermordung seines
Vaters, obwohl derselbe sich durch die Hinrichtung seiner
Tochter Iphigenie selber tragisch schuldig gemacht hatte
(da der Priester diese Hinrichtung verlangt hatte), zu
rächen und tötet deshalb seine Mutter Klytämnestra, die
ihrerseits seinen Vater getötet hatte. Dieser Muttermord
lastet schwer auf ihm, obwohl er aus Gerechtigkeitssinn
hervorgegangen war. Freilich ist mit diesem Motiv, ähnlich wie in Shakespeares Tragödie Hamlet, auch ein persönliches Rachebedürfnis verknüpft, da Orestes der Thron-
erbe ist, dessen Recht durch die Gewalt seiner Mutter und

ihres Liebhabers in Frage gestellt ist. Das religiös-poetische Bild der Erinnyen, die den Mörder verfolgen, anklagen und verdammen, drückt die ihn quälenden Gedanken mythisch-sinnbildlich treffend aus. Auf der Ebene des Ethischen läßt dieser Gewissenskonflikt sich nicht entwirren. Eine Versöhnung der miteinander streitenden Motive und ihrer Folgen kann nur auf religiöse Weise herbeigeführt werden. Da es Apollo war, der den Muttermord verlangt hatte, so daß diese Blutrache zugleich die freie und auch wieder nicht-freie Tat des Orestes war, so stoßen sittliche und religiöse Momente in ihm hart aufeinander, die durch Apollo allein nicht zusammengebracht werden können. Die „apollinische" Entschuldigung, die im zweiten Drama der Trilogie von Äschylus geboten wird (in den Choephoren), genügt daher nicht. Erst im dritten Drama (Eumeniden) entwirrt Äschylus auf geniale Weise den Knoten.

Orestes wird vor die höchste Gerichtsbarkeit in Athen gebracht, den Areopag. Die Richter haben einen zugleich moralisch und juristisch gültigen Spruch zu fällen. Das Ergebnis beleuchtet jedoch die von Menschen nicht herbeizuführende Entwirrung der an sich zweideutigen Tat des Orestes, indem die Stimmen, die ihn belasten und diejenigen, die ihn freisprechen, einander zahlenmäßig gleich groß sind. Die endgültige Entscheidung wird erst durch das persönliche Erscheinen der Athena, die den Gerichtshof ursprünglich eingerichtet hat, herbeigeführt, indem die Göttin ihre Stimme zugunsten des Orestes abgibt und dadurch die Vergebung des Mörders erzwingt. Die Freisprechung erfolgt also nicht durch eine moralisch-rechtliche, sondern durch eine göttliche Macht. Juristisch genommen bleibt die Tat des Orestes somit auf der Waage und unentscheidbar, erst die religiös-wunderbare, göttliche Gnade vermag den Knoten zu entwirren. Schließlich wird auch der Widerspruch zwischen Apollo und Athena noch auf einer höheren Stufe beseitigt. Beide Gottheiten sind einer höchsten untergeordnet, in deren Auftrag sie handeln, und die fähig ist, in sich ihre Zwiespältigkeit aufzuheben. Diese höchste Instanz ist Zeus.

Athena führt nur den Willen dieses höchsten Gottes aus, wenn sie in den Wettstreit der Richter des Areopags eingreift und Orestes freispricht. Noch aber sind die Rachegöttinnen, die Erinnyen, zu versöhnen, die den Freispruch nur mit Zorn aufnehmen können. Erst nachdem es Athena gelungen ist, sie zu besänftigen und damit den Sieg der göttlichen Vergebung und Liebe über die bloße Vernunft des Rechts und der Moralität zu erringen, jauchzt sie und spricht die denkwürdigen Worte: „Wie beglückt es mich, daß sie (die Rachegöttinnen) so gnädig meinem Lande diesen Segen spenden... So hat Zeus, der Friedefürst des Wortes, triumphiert. Im Wettkampfe um das Gute bleibt auf unserer Seite stets das Glück" (übers. von Ulrich von Wilamowitz-Moellendorff). Der griechisch fromme Dichter kann nur durch die Einführung einer hierarchischen Ordnung unter den himmlischen Mächten die auf den niederen Stufen nicht völlig gelungene Überwindung des scheinbar unüberwindlichen Konflikts von Freiheit und Gnade zustande bringen. So darf der Chor im Abziehen die ebenso ethisch-patriotischen wie poetisch-religiösen Schlußworte sprechen: „Ewigen Bund mit den mächtigen Gästen haben die Bürger Athens geschlossen. Zeus des Allmächtigen Wille schuf es und des Schicksals Schluß" (v. Wilamowitz-Moellendorff).

C. Gnade und Wille

Die Gnade kann nur von einem mitfühlenden, verstehenden, selbst leidenden Willen ausgehen. Weder die „unfühlende" Natur noch der denkende Verstand oder die sittlich-tätige Vernunft können Gnade spenden. Gnade kann nur von einem wollenden und leidenden Wesen empfangen werden, das sich einem gnädigen, ihm überlegenen, göttlichen Wesen beugt und das in der Gnade sich verwirklichende Wohlwollen, d. h. die Barmherzigkeit Gottes demütig und dankbar hinnimmt. Dieses Hinnehmen ist weder ein Begreifen noch ein Erkennen, es ist vielmehr ein Akt des Vertrauens, der Hingabe, der freudigen Unterordnung. Nur das gläubige Gemüt kann daher Gnade empfangen, suchen und erhoffen. Nur ein durch dieses Gemüt beherrschter Wille kann durch den Empfang göttlicher Barmherzigkeit beglückt, gesegnet, geheilt werden. Daher ist das Verhältnis zwischen dem zwar freien, aber auch noch nicht freien, sondern gehemmten und innerlich gespaltenen, menschlich-endlichen Willen und dem unendlichen göttlichen, in sich heilen und heiligen Willen, der diese Gespaltenheit und Endlichkeit kennt, sie aber aus Barmherzigkeit nicht richtet und verdammt, sondern zu sich hinüberzieht, kein philosophisch ergründbares, sondern ein religiöses: es ist das Verhältnis des zwar durch die Freiheit über die kausale Notwendigkeit herausgehobenen, kreatürlichen Menschen zum Schöpfer und Urheber nicht nur der Natur oder des Kosmos, sondern der den Menschen auszeichnenden Freiheit selbst. Die Unergründlichkeit dieses Verhältnisses beruht nicht bloß auf der Begrenztheit des menschlichen Verstandes oder seiner denkenden Vernunft, sondern sie wurzelt in der „Sache selbst", in der wesenhaften Verschiedenheit von Vernunft und Wille, von Verstand und Gemüt, von Zeitgebundenheit und zeitüberlegener Ewigkeit. Zwar hat der Mensch an dieser Ewigkeit teil (sonst könnte er überhaupt kein religiös offenes Gemüt haben), aber er ist zugleich zeitgebunden und durch die kausale sowie biologische Notwendigkeit eingeschränkt.

Der Mensch gehört, trotz seiner Freiheit, zur Erscheinungswelt, die durch Raum und Zeit sowie durch die raumzeitlich bestimmten Prinzipien der Erfahrung bedingt ist. Aber als freier, wenn auch gehemmter, sittlich-vernünftiger Wille gehört er nicht nur zur Erscheinungswelt, sondern zugleich zu der übersinnlichen, geistigen Gemeinschaft, die nicht nur durch natürlich-organische Zwecke, sondern auch und in erster Reihe durch den Endzweck des Guten zusammengehalten wird. Als ein solcher, doppelt gebundener, unfreier freier Wille bedarf er der göttlichen Gnade, um nicht zerrieben oder aufgerieben zu werden. Weil die Gnade religiöser Herkunft ist, kann sie nicht durch den in sich zerrissenen Willen, durch Anstrengung und Verdienst, durch Entscheidung und Entschluß, durch Handeln und Leiden herbeigezwungen oder erobert werden, sondern sie ist ein Geschenk des „Himmels", eines nicht mehr der Erscheinungswelt angehörigen höchsten

Willens, der nicht mehr durch sinnliche Erfahrung, sondern nur durch einen geistigen Glauben uns zugänglich wird. Man mag solchen Glauben im Gegensatz zu aller sinnlich-rationalen, erweisbaren oder beweisbaren Gewißheit „mystisch" oder „wunderbar" nennen, womit in der Tat das Reich der Gnade umschrieben werden kann. Nur muß man nicht vergessen, daß solche Worte nicht die durch Gnade uns zugänglich gemachte Wirklichkeit des göttlichen Willens ungewiß werden lassen, als ob sie bloß durch unsere Phantasie erzeugt wäre. Nicht das Visionäre oder wie Halluzination sich uns Aufdrängende, sondern durch die Zweiheit von Erscheinungswelt und Willensfreiheit „Postulierte" (um diesen Kantischen Ausdruck, der freilich irreführend und gefährlich ist, zu brauchen) wird durch die innerlich erfahrbare Gnade uns geschenkt.

Die Gnade, weit davon entfernt uns zu täuschen, befreit uns von der Illusion, die entsteht, wenn wir uns ganz und gar zur Erscheinungswelt rechnen. Sie erhebt uns ähnlich, wie die Kunst es in ihrer Weise tut, aus dem bloß Endlichen und Irdischen. Während aber die Kunst sich nur an unsere Phantasie oder Einbildungskraft wendet, hat die Gnade eine unseren Willen angehende Bedeutung. Wiederum der Kunst gleich schlägt sie eine Brücke, die Welt und Gott verbindet und dadurch die Zwiespältigkeit unseres Ichs überwindet. Das Beglückende der Kunst korrespondiert dem Segnenden der Gnade. Während aber die Kunst von der Welt ausgeht und eine weltliche Beglückung erzeugt, geht die Gnade von Gott aus und schenkt uns eine überweltliche Erlösung, einen Frieden, der nicht von dieser Welt ist. Die ästhetische Anschauung mag uns auch den

Schrecken und Ängsten des Irdischen entrücken, gerade
wenn sie „Furcht und Mitleid" erregt, sie kann uns jedoch
nicht den Segen gewähren, der aus dem gnädigen Bei-
stande des durch den Glauben vermittelten göttlichen Willens strömt und unmittelbar unser tiefstes Selbst aus Ver-
zweiflung und Verdammung errettet. Der menschliche
schöpferische Geist gewährt uns eine sinnlich-übersinnliche
Freude, aber er heilt nicht den durch das Böse verdunkel-
ten und sich selbst richtenden unfrei-freien Willen, wie
es nur der unendliche, heilige Wille tun kann, der uns
gnädig zu sich ruft und in sich selbst uns zur Ruhe kommen
läßt. Denn es ist dieser höchste und mächtigste Wille, der
uns trotz Schuld und Sünde in sich birgt und die Gemeinschaft der Sünder trotz Feindschaft und Haß in sich zu-
sammenhält. Nur dieser göttliche Wille vermag zu vergeben, weil wir aus ihm stammen und zu ihm zurückkeh-
ren, wenn die Stunde gekommen ist.

Ohne Gnade sind wir verflucht, vereinsamt, vereinzelt
und verloren. Die Gnade ist „das Rettende", von dem
Hölderlin spricht. Ohne sie ist das Wort nicht unberech-
tigt, welches besagt, daß wir zur Freiheit „verdammt" sind,
weil ohne sie unsere Freiheit niemals das Gefängnis
sprengt, in welches wir durch Schuld und Schicksal eingeschlossen werden. Diese Verdammnis erwächst uns allerdings nicht aus der Freiheit, sondern aus dem Zwielicht,
das durch die Doppelheit von kausaler Notwendigkeit
und ethischem Zielstreben entsteht. Die rettende Gnade ist
das dieses Zwielicht überstrahlende Licht des Guten, welches die Finsternis des Gefängnisses von innen und oben
her durchleuchtet und erhellt. Durch sie öffnet sich dem

verwirrten und irrenden Willen ein Ausweg, der ihn
seinem fernen Ziel näherbringt und seine Unruhe besänf-
tigt. Der Wille gewinnt dadurch einen Halt und eine
Festigkeit, die er in sich allein nicht findet; erst dadurch
erschließt sich ihm seine ihm eigene Tiefe. Erst dadurch
wird er sich seiner selbst bewußt als des zur Selbstverwirk-
lichung aufgerufenen Wesens. Erst dadurch wird er der
Wille eines Ichs, das, obwohl mit seinem Leibe nur einen
winzigen Teil des endlosen Raumes erfüllend und obwohl
sein Leben in einem Augenblicke der endlosen Zeit begin-
nend und es wiederum in einem Augenblicke dieser Zeit
verlierend, dennoch sich über Raum und Zeit erheben und
in sich selbst die Unendlichkeit des Geistes verspüren kann.
Erst durch die vergebende Gnade wird das Ich instand
gesetzt, die Ewigkeit anstatt der bloßen Endlosigkeit als
die wahre Unendlichkeit zu verstehen und dadurch um
einen ewigen Willen zu wissen, der den seinen beherrscht
und aus dem der seine entspringt.

Erst im Erleben dieses ewigen Willens erhält das Gute
seine Bedeutung als das letzte und höchste Ziel meines
endlichen Willens. Was die Heilige Schrift „Gott“ nennt,
ist vom Standpunkt dieses Erlebens aus gerichtet das Gute
in Person oder als Person. Freilich ist dieser personalistische
Gedanke nicht zureichend, um die Wirklichkeit des unendlichen Willens dem denkenden Verstande begreiflich zu
machen. Unter „Person“ können wir immer nur das end-
lich begrenzte Ich erfassen. Das unendliche Ich Gottes ist
dagegen ein Überich und als solches überpersönlich. Wie
ein überpersönliches und doch auch persönliches Ich zu
denken sei, ist freilich nicht zu sagen, aber das Erleben

eines gnädigen Gottes wird durch diese Unmöglichkeit in
keiner Weise beeinträchtigt oder gar widerlegt. Im Gegenteil bestätigt sich in diesem paradoxen Ausdruck nur die
Göttlichkeit Gottes als des das endliche Ich überragenden
und transzendierenden, des überweltlichen und übermenschlichen ewigen Willens. Nicht was Schleiermacher in
seinen ersten Schriften Universum nannte, nicht was der
junge Schelling als Identität zu begreifen suchte, nicht das
dialektische Werden der absoluten Idee in Hegels Logik,
aber auch nicht die „schöpferische Entwicklung" der Natur
in Bergsons oder Teilhard de Chardins Philosophemen
oder das mystisch ontologische Sein Heideggers, sondern
der dem menschlichen Willen gegenüberstehende richtende
und gnädig verzeihende göttliche Wille, wie er sich in der
Heiligen Schrift offenbart, kann unsere Freiheit ergänzen
und ihrem Ziele entgegenführen.

Die Frage des ohne Glauben philosophierenden Verstandes, ob dieser unendliche Wille wirklich existiert oder
nur kraft der Einbildung des geängstigten und schuldbe-
ladenen menschlichen Gemüts, ist ebenso unangemessen wie
unerlaubt, denn gerade die Unmöglichkeit die Schranke
der Unbegreiflichkeit des göttlichen unendlichen Willens zu
durchbrechen begründet die Majestät und Heiligkeit dieses
Willens. Wäre er begreiflich, so könnte keine Gnade von
ihm ausgehen und seine Göttlichkeit würde ihm genommen werden. Gerade dann würde er zu einem bloßen Pro-
dukt der Einbildung und des menschlich beschränkten
Begreifens. Heiligkeit und Mysterium sind für immer miteinander verbunden. Nur weil Gott ein verborgener ist,
kann ich Vergebung von ihm erwarten oder erhoffen. Nur

als unbegreiflicher kann Gott barmherzig sein – nicht der
Verstand, sondern der Wille ist die Brücke, die von mir zu
ihm und von ihm zu mir hinüberführt. Daß der Philosoph
allein der „Freund Gottes" sein könne, wie Aristoteles sagt,
verrät sein durch Denken nicht zu überwindendes wesent-
liches Heidentum, dem zuletzt auch Hegel wieder verfallen ist trotz seiner Behauptung, er sei Lutheraner und er
werde nie aufhören Lutheraner zu sein.

Spinoza lehrt, daß derjenige, der Gott liebt, nicht wollen
könne, daß Gott ihn wiederliebt, denn er weiß, daß Gott
die allem Seienden zugrunde liegende, unendliche Substanz
ist, während der einzelne Mensch nur ein Modus dieser
göttlichen Substanz ist und kein selbständiges Wesen. Nur
durch sein Erkennen kann er an der Selbständigkeit des
absoluten Wesens teilhaben und diese Erkenntnis ist daher
mit der Liebe zu Gott eins. Spinoza ist in gewissem Sinne,
wie Aristoteles vor ihm und Hegel nach ihm, ein Intellek-
tualist oder Rationalist. Alle drei verstanden nicht, was
Gnade ist, weil sie den Intellekt, der Gott erkennt, an die
Stelle des Glaubens setzten, oder weil sie in intuitiv-gnosti-
scher, mystisch-mathematischer oder dialektisch-logischer
Weise an die intellektuelle Kraft des menschlichen Geistes
glaubten, das Mysterium Gottes zu durchdringen. Nur
wenn wir diesen intellektualistischen Irrglauben aufgeben
und statt dessen den religiösen Glauben an den barmherzigen, gnädigen Gott als den wahren Weg zur Erlösung
anerkennen, können wir zu dem Frieden gelangen, der
„über alle Vernunft" ist. Ein durch unser Denken begreif-
licher Gott, mag er nun griechische Mythologie, wie bei
Aristoteles, oder jüdische Frömmigkeit, wie bei Spinoza,

oder lutherisches Christentum, wie bei Hegel intellektuali-
sieren, kann weder liebevoll noch barmherzig sein.

Liebe und Gnade sind aufs innigste verknüpft. Nur der
Glaube an den liebenden Vatergott, der jenseits unseres
erkennenden Verstandes thront, kann zugleich Glaube an
einen gnädigen und vergebenden Schöpfer sein. Nur durch
einen solchen Glauben kann unser endlicher und fehlhafter
Wille den Weg zu dem unendlichen und heiligen Willen
finden. Das in der Idee des Heiligen enthaltene ethische
Moment kann nur durch eine jede intellektualistische
Selbsterhöhung vermeidende Gläubigkeit zur Geltung
gebracht werden oder als gültig sich erweisen. Es gehört
zum Wesen eines heiligen Willens zugleich transzendent
und doch dem Menschen liebend zugewandt zu sein, zugleich verborgen und sich offenbarend, zugleich gebietend
und verzeihend zu sein, mich in sich begreifend und sich
meinem Begreifen entziehend. Dies alles ist der Gott der
Heiligen Schrift. Nur wenn wir uns an ihn halten, können
wir auf seine Gnade hoffen. Das Evangelium ist die eindrucksvollste und in diesem Sinne die abschließende und
unüberholbare Tat und Anrede dieses gnädigen Gottes,
durch welche der im Alten Testament verkündete, aber
nur dem Volke Israel eigentümliche Glaube allen Völkern
der Erde zugänglich gemacht und die christliche Kirche ge-
gründet werden konnte. Nur durch diese Verkündigung
konnte das „Neue Israel" der christlichen Gemeinde und
das „Neue Jerusalem" entstehen, das nicht mehr auf dieser Erde liegt, nicht mehr einen geographisch-politischen
Sinn hat, sondern einen geistig-bildlichen. Das Kreuz ist
die schärfste und härteste Absage, gerichtet an den welt-

lichen und das Religiöse mit dem Politischen vermischen-
den Menschen. Es ist das Zeichen für die Verinnerlichung
und Vergeistigung, welche der im Alten Testament ver-
ankerte Glaube im Neuen erfährt. Im Alten Testament
herrscht der gebietende und strafende, dem Volke Israel
sich offenbarende, im Neuen der liebende und gnädig verzeihende, übervölkische und übergeschichtliche Gott vor.

D. Das Mysterium und der Mythos der Gnade

Überall in der Schrift verkündet sich der heilige und
gnädige Gott durch Zeichen und Wunder. Insofern ist das
Mythische ein unausrottbares und dem Wesen der Offenbarung angepaßtes Mittel, durch welches sich Gott dem
Menschen zu erkennen gibt. Freilich ist diese Art der Mit-
teilung nicht auf den biblischen Glauben beschränkt. Vielmehr ist das mythische Element allen Religionen zu eigen.
Ohne dieses Element wäre Religion nicht Religion, sondern Wissenschaft. „Entmythologisierung“ bedeutet daher
Verwissenschaftlichung des Religiösen, wie die griechische
Philosophie seit ihren Anfängen sie bewußt anstrebte und
in Aristoteles am vollkommensten und klarsten erreichte.
Aristoteles sagt explizite im zwölften Buche seiner Metaphysik, daß die mythologische Religion die Gotteserkennt-
nis in einer populären, dem Verständnis des wissenschaftlich ungebildeten Volkes entsprechenden Form dar-
geboten hat, während er sie vielmehr in einer dem wissenschaftlichen Geiste gemäßen Weise lehren möchte. Wir

wissen jedoch, daß er im hohen Alter wieder zum Mythos zurückkehrte. Da die Metaphysik nicht von ihm redigiert worden ist, sondern erst in späterer Zeit ihre gegenwärtige Gestalt erhalten hat, so ist es möglich, daß Aristoteles die Lambda-Theologie in ihrer jetzigen Form nicht in sein Werk übernommen haben würde. In irgendeiner Weise aber mußte er sein System durch eine theologische Spitze abschließen.

„Das Wunder ist des Glaubens liebstes Kind." Wenn wir die Wundererzählungen aus dem Texte ausscheiden würden, so würden wir damit das „liebste Kind" des Glaubens ihm rauben. Zwar ist es wahr, daß der Mythos in der Bibel eine andere Funktion hat als in den mythologischen Religionen, dennoch bleibt auch in ihr etwas diesen Verwandtes erhalten, das Element des Bildhaften, welches im Gegensatz zu demjenigen des wissenschaftlichen Begriffs steht. In der biblischen Religion dient das Mythische ihrem Hauptzweck, der sittlichen Erziehung und Erlösung des Menschen. Jedoch in allen Religionen drückt der Mythos etwas aus, was begrifflich oder wissenschaftlich nicht ausgedrückt werden kann: das spezifisch Religiöse. Dies ist seinem Wesen nach translogisch oder transrational und bedarf daher der Bildersprache. Unser durch die wissenschaftliche Forschung und Technik beherrschtes Zeitalter neigt zu dem Irrglauben, daß auch das spezifisch Religiöse seiner Bildhaftigkeit entkleidet werden müsse, um für uns noch glaubhaft zu sein. Aber wo ist der Trennungsstrich zu ziehen zwischen dem auch für uns noch unentbehrlichen und dem für uns nicht mehr annehmbaren Bildhaften? Gewiß können wir Menschen des 20. Jahrhunderts nicht

mehr an die Wunder in derselben naiven Weise glauben,
wie die vor zwei- oder dreitausend Jahren Lebenden es
konnten. Andererseits können wir ebensowenig wie jene
das Transzendente und Überweltliche, das Göttliche und
Dämonische auf wissenschaftliche Weise, mit einer der
Mathematik oder Physik entnommenen Methode bewältigen, noch es ontologisch und metaphysisch „konstruieren“,
wie die großen Denker der Neuzeit es taten.

Wir bedürfen des Mythos, weil das „Absolute“ ein
Mysterium ist. Wir können nur in Bildern oder Symbolen,
in Metaphern oder Parabeln von Gott und dem Göttlichen
reden. Die Schrift ist in dieser Hinsicht jeder Philosophie
weit überlegen. Der Zusammenbruch der griechischen Sy-
steme war daher nicht nur ein Zeichen der Ermüdung des
antiken Geistes, sondern er entsprach der wahren Sachlage. Der Sieg des Christentums über die mythologische
Weltanschauung war ein Sieg des ethischen über den ästhe-
tischen Mythos, ein Sieg des gnädigen Gottes über die
höchstens ihre Gunst oder Neigung dem einen oder dem
anderen zeigenden Götter. Die menschenähnlichen Götter
sind mit anderen Worten viel zu menschlich, um gnaden-
voll sein zu können. Wenn man den Mythus untrennbar
mit dem Polytheismus der nicht-biblischen Religionen verbindet, dann ist die biblische Religion überhaupt nicht
mythisch und braucht nicht entmythologisiert zu werden.
Es gibt dann folglich auch keinen Mythus der Gnaden-
spendung oder der Gnadenwahl. Wenn man dagegen den
Begriff „Mythus“ weiter faßt und darunter bildhafte Vorstellungen im allgemeinen, das Göttliche betreffend, versteht, dann ist auch die biblische Religion gleich allen

anderen mythisch und die Frage entsteht, wie weit können
wir heute noch einen mythischen Glauben aufrechterhalten,
und insbesondere wie weit können wir den gnädigen Gott,
die Schrift sowie die von ihm ausgehende „Heilsgeschichte"
heute noch als Glaubensartikel beibehalten.

Am schwersten wird es sein präzis zu sagen, wo das für
uns Glaubwürdige in der biblischen Erzählung zu finden
ist und wo das nicht mehr Glaubwürdige. Bultmann und
seine Anhänger scheinen mir keine genaue und theologisch
beweisbare Antwort auf diese Frage zu geben. Sie würden
die kosmischen Vorstellungen, die auch im Neuen Testament noch anzutreffen sind, wohl unter das für uns Un-
glaubwürdige rechnen; auch die meisten Wundergeschich-
ten würden sie ausscheiden müssen oder sie bloß als
mythisch auffassen. Viel hängt davon ab, ob wir mit
Sicherheit sagen können, daß dieser oder jener sprachliche
Ausdruck schon im Urchristentum sinnbildlich gemeint war
oder „wörtlich" verstanden wurde, wobei es immer noch
zweifelhaft ist, was unter dem Worte „wörtlich" eigentlich
gemeint ist. Ist zum Beispiel die Schöpfungsgeschichte
„wörtlich" zu verstehen, und was würde das heißen?
Würde es bedeuten, daß wir sie als eine wissenschaftliche
Erklärung der Entstehung der Welt aufzufassen hätten?
Oder würde sie als ein Bericht anzusehen sein, der diesen
Entstehungsvorgang so schildert, wie ein Augenzeuge etwa
ihn hätte miterleben können? Aber der biblische Gott ist
ja kein sichtbares Wesen, so daß kein Augenzeuge ihn und
seine Schöpfungstat je hätte sehen können! Diese und andere Schwierigkeiten lassen eine „wörtliche" Auffassung der
Schöpfungsgeschichte als höchst problematisch erscheinen.

Wie es mit der Schöpfungsgeschichte steht, so auch mit
beinahe allem, was die Bibel über das Wirken und Wollen
des Schöpfergottes erzählt. Wir sind also gezwungen, die
symbolische Auffassung als die einzig gesunde und dem
Geiste der Bibel angemessene vorzuziehen, wie schon Ori-
genes wußte, ja wie es auch der Apostel Paulus gemeint zu
haben scheint, wenn er davon spricht, daß wir „diesen
Schatz in irdenen Gefäßen" besitzen, oder wenn er betont,
daß wir hier „in einem rätselhaften Spiegel sehen" und
nicht „von Angesicht zu Angesicht". Mit der Bibel befin-
den wir uns in einer Bilderwelt, deren Sinn wir nur mit
religiöser Einbildungskraft uns aneignen können, – freilich
nicht mit jener poetisch-religiösen Einbildungskraft, die
in den nicht-biblischen Religionen an der Arbeit ist, sondern eben mit der besonderen und nur in der Bibel sich
zeigenden ethisch-religiösen Einbildungskraft, die heils-
geschichtlicher Herkunft und Zielsetzung ist.

Das Besondere und Eigentümliche der Biblischen Ge-
schichtstheologie ist nicht nur ihr soteriologischer Charakter
und ihr eschatologischer Ausblick, der in Jesus seinen Höhepunkt erreicht, weshalb er als der Christus gepriesen und
zum Herrn der neuen Gemeinde erhoben wurde, sondern
auch die merkwürdige Verknüpfung von Erlebnissen, die
verbunden sind mit der geschichtlichen Erinnerung erst des
von Gott zu seiner Verkündung erwählten israelitischen
Volkes und zuletzt der Jünger des ihnen erschienenen Er-
lösers, und von Erlebnissen, die selbst überhistorischen
Sinn haben, weil sich Gott in ihnen offenbart. Bereits die
Schöpfungsgeschichte ist Heilsgeschichte und mehr als nur
Historie. Sie schildert Gott am Werke so als ob er eine

geschichtliche Person wäre. Dieser historisch-überhistorische Wesenszug findet sich zwar auch in vielen anderen Religionen und Theogonien, erfährt aber in der biblischen Geschichte eine besondere Wendung dadurch, daß Adam und Eva als die Stammeseltern des „auserwählten“ Volkes gekennzeichnet werden, von denen Abraham und Jakob und Isaak abstammen. Die gesamte Geschichtserzählung der Schrift hat zugleich heilsgeschichtliche Bedeutung, obwohl es das auf Erden lebende historische Volk der Israeliten ist, welches der Mittelpunkt der Erzählung ist. Die biblische Geschichte dieses von Gott erwählten Volkes hat überall einen „realen“ historischen Untergrund und ist doch nicht „realistisch“, da sie der göttlichen Offenbarung dient und nur um dieser Offenbarung willen berichtet wird. Die Israeliten haben ihre eigenen historischen Schicksale immer zugleich als religiös bedeutsam erlebt und beide Elemente, das historisch-reale und das religiös-sakramentale in untrennbarer Einheit niedergeschrieben. Aus dieser innigen Vermählung des Historischen und des Soteriologischen ist „Das Buch“, die Bibel entstanden.

Auf diese Weise erscheint das Mysterium Gottes und die Realität des Volkes Israel und seines Schicksals so verwoben, daß Gott von den Propheten als der Gott des Volkes und dieses als das Volk Gottes verkündet werden. Das Volk hat sich als begnadet und deshalb als erwählt gefühlt. Das Mysterium und der Mythus dieser Begnadung lassen sich nicht voneinander trennen, und beide sind so in das Erleben der Geschichtsereignisse eingeschlossen, daß deren Erzählung nicht historisch im Sinne eines Herodot oder Thukydides, sondern im Sinne der „biblischen Geschichte" werden mußte. Die Begnadung ist ein Auftrag oder eine Aufgabe, sie konnte nur als Offenbarung, d. h. als durch Gott selbst veranlaßt vorgestellt werden. Daher fühlten die Israeliten ihr Erleben und selbst ihre eigenen Taten nicht bloß als ein durch Umstände und durch Entschlüsse entstandenes Geschehen, sondern immer auch als etwas von Gott Gewolltes und ihnen Zugefügtes. Nicht Ursache und Wirkung, nicht Motiv und Absicht, sondern Segen oder Fluch, Gnade oder Ungnade waren für sie die historischen Triebkräfte und der Inhalt ihrer Geschichte. Religion und Leben, Glaube und Geschehen waren in ihrer Frömmigkeit eines. Sowohl das Politische wie das Moralische waren unmittelbar auf Gott den Herrn der Geschichte bezogen. Weder gab es für sie Religion ohne Geschichte noch Geschichte ohne Religion. Während die Mythen anderer Völker geschichtslos sind und die historischen Ereignisse, welche ihr Leben formten, keine unmittelbare religiöse Bedeutung hatten, waren diese beiden Sphären für das Volk Israel so verschmolzen, daß Profanes und Sakrales ungeschiedene Komponenten eines Ganzen bildeten. Gott, sagt Spinoza, war der König der Juden.

Bei einer solchen Auffassung und Deutung des Wirklichen war kein Platz für eine selbständige, vom Glauben unabhängige Wissenschaft oder Philosophie, für eine um der Kunst willen geschaffene Kunst, für eine dem Nutzen oder Profit dienende Wirtschaft, für eine weltliche Politik. Vielmehr waren Wissenschaft und Kunst, soweit sie überhaupt von ihnen gepflegt wurden, untertan den religiösen Werten und Forderungen, und auch Politik und Wirtschaft waren nicht von der Religion getrennte Gebiete, sondern

von ihr getragen und durch sie wesentlich bestimmt. Daher lassen sich in der biblischen Geschichte Mythos oder
Legende nicht von Fakten oder von rein empirischer Wahrheit säuberlich scheiden. Das Mysterium Gottes stand
überall im Vordergrund des Bewußtseins und hatte eine
höhere Wirklichkeit als dasjenige, was moderne Psychologie oder Soziologie heute als das Wirkliche ansehen. In
diesem Sinne kann man von einem Totalitarismus der
Religion bei den Israeliten sprechen. Für sie verstand es
sich von selbst, daß alles Menschliche von der Gnade Gottes
abhängt, daß es ein nur weltliches Sein und Dasein nicht
gibt, und daß von einer Autonomie der Vernunft oder von
einer „Mündigkeit“ des Menschen zu sprechen völlige
Blindheit gegenüber den wahren Bedingungen unserer
„Existenz“ verrät. Nicht das Hegelsche Diktum: „Alles
Wirkliche ist vernünftig und alles Vernünftige ist wirklich“
würde der im biblischen Glauben Lebende unterschrieben
haben, sondern der Satz, daß alles Wirkliche mythisch ist,
weil es von dem Mysterium Gottes erfüllt und umhüllt ist,
wäre ihm eine unangreifbare und unumstößliche Gewißheit.

E. Gnadenwahl

Zwei Begriffe von Gnade müssen streng voneinander
unterschieden werden, obwohl sie zuletzt zusammenhän-
gen: Nämlich Gnade als Geben und Gnade als Vergeben.
Wir sprechen mitunter von begnadeten Menschen und
meinen dabei solche, die besondere Gaben des Geistes, des
Verstandes oder des Herzens besitzen. Die Charitinnen

oder Musen der Griechen waren in symbolischer Bildersprache die Gottheiten, welche solche Gaben austeilen, besonders solche der künstlerischen Inspiration und Schöpferkraft. Die vergebende Gnade, die der biblische Gott oder
Christus denen zuteil werden läßt, die bereits sind, ihre
Schuld oder Sünde zu gestehen und sie zu bereuen, ist im
Gegensatz zu der gebenden Gnade diejenige göttliche
Tat, durch welche dem Sünder geholfen wird, seine Ge-
wissensbisse zu überwinden und zu innerem Frieden zu
gelangen oder den inneren Frieden zurückzuerlangen. Grob
gesprochen sind die Begabungen, mögen sie auch dem
Menschen von einer höheren Macht verliehen sein, doch
dem Menschen zu eigen, während die Vergebung oder Ver-
zeihung von Gott oder Christus ausgeht und keine Bega-
bung im Menschen hervorruft.

Freilich wenn wir genau diese beiden verschiedenen
Arten von Gnade untersuchen, finden wir, daß die Griechen starken Akzent auf die göttliche Herkunft der Gaben
oder Begabungen legten. Es ist die Muse, und nicht der
Dichter, die das Gedicht eigentlich hervorbringt. Sowohl
die Ilias wie die Odyssee sagen gleich im Eingang, daß die
Göttin oder die Muse den Dichter inspiriert. Andererseits
ist Reue oder Zerknirschung des Schuldigen des Menschen
eigene Haltung, ohne welche weder Gott noch Christus
ihn „begnadigen" können. Trotz dieser Ausgleichung des
Unterschieds bleibt doch die gebende Gnade deutlich von
der vergebenden Gnade zu trennen; die erstere ist heid-
nisch, die letztere biblisch. Daß die Götter oder die Charitinnen ihre Gaben willkürlich verteilen, kann uns bei der
unethischen Natur der heidnischen Religion nicht wunder-

nehmen. Daß aber der heilige Schöpfergott der biblischen
Offenbarung seine heilende Gnade dem einen vorenthält
und dem anderen im Überfluß gewährt, ist nicht so leicht
zu verstehen. Selbst wenn wir die der Vergebung voran-
gehende Reue und Selbstverurteilung in Betracht ziehen,
so müssen wir doch auch sie trotz ihrer im Menschen statt-
findenden und durch den Menschen erwirkten Sinnes-
änderung letzterdings als ein Gnadengeschenk ansehen, da
nicht wir uns geschaffen haben und so geschaffen haben, wie
wir sind, sondern Gott uns geschaffen hat. Freilich stoßen
hier Freiheit und Gnade aufs härteste zusammen und wir
können im Einzelfalle niemals entscheiden, wo die Grenz-
linie zwischen beiden zu ziehen ist.

Wenn wir, wie Augustin und Luther es tun, Gott allein
als den Urheber sowohl der Selbstverdammung wie auch
der barmherzigen Hilfe anerkennen, so schmilzt die Freiheit in nichts hinweg. Dann taucht aber mit furchtbarer
Deutlichkeit und unabwendbarer Gewalt die dunkle Frage
auf: warum hat Gott den einen so erschaffen, daß er sich
selber zu richten vermag und dadurch der Gnade der Vergebung teilhaftig wird, während er den anderen in der
Finsternis seiner Übeltat verharren läßt und ihn aus
seinem göttlichen Herzen verstößt? Warum darf der eine
gläubig an Gott sich anschließen und auf Gottes Beistand
in seiner seelischen Not sich verlassen, während der andere im Unglauben und in der Ungnade gefesselt ist?
Welche Auffassung ist religiös gesehen die angemessenere,
diejenige, die alle Freiheit leugnet oder diejenige, die dem
Menschen die Freiheit läßt, sich so oder so zu verhalten?
Die Bibel gibt keine eindeutige Antwort auf diese unent-

rinnbare letzte Frage. Hier öffnet sich der Abgrund des
Problems, welches das Verhältnis von Gnade und Freiheit
stellt.

Weder die Leugnung der Freiheit zugunsten der Vorsehung oder die Prädestination, noch die Leugnung der
Gnade zugunsten des menschlichen Willens kann uns be-
friedigen. Wenn wir die Freiheit aufgeben, so hören Verantwortung und Schuld, Strafe und Vergebung auf, sinn-
volle Begriffe zu sein. Wenn wir den Begriff der Gnade
verleugnen, so fallen Glaube und göttliche Schöpfung der
Welt und des Menschen dahin. Das Problem des Verhältnisses dieser beiden einander feindlichen Ideen entsteht
nur, wenn wir beide aufrechterhalten und versuchen, sie
trotz ihrer Gegensätzlichkeit in ihren Rechten bestehen zu
lassen. Eine der beiden strittigen Begriffe auszuschalten,
wäre ein gar zu billiger Ausweg aus der Sackgasse, in
welche die Aufrechterhaltung beider Seiten führt. Den
Menschen allein als Herren über seinen Willen anzuer-
kennen, ein solcher „Humanismus“, wie er heute Mode
ist, würde nicht nur die Autorität der Bibel zerstören,
sondern der Erfahrung Gewalt antun, welche die Gebrechlichkeit des Menschen, seine physische, intellektuelle
und moralische Begrenztheit, außer allen Zweifel setzt.
Gott allein als den Urheber alles Geschehens, somit auch
des bösen Willens und böser Taten, zu verstehen, wider-
spricht ebenfalls den klarsten und unbezweifelbarsten Aus-
sagen, nicht nur der biblischen Geschichte und ihrer gesamten Auffassung des Verhältnisses von Gott und Mensch,
sondern auch den primitivsten religiösen Vorstellungen
aller Völker.

Wir müssen also einsehen, daß hier ein scheinbar unauf-
lösbarer Widerspruch vorliegt, dem wir auf keine Weise
entgehen können und dessen Leugnung unser menschliches Dasein seiner Spannungen, seiner Konflikte und
inneren Kämpfe, seines dramatischen Gehalts entkleiden
würde. Wir ehren Gott nicht, wenn wir unsere Schuld und
Sünde ihm zur Last legen, wir machen ihn vielmehr
dämonisch, wenn wir annehmen, daß er aus Willkür einzelne Menschen bevorzugt und andere von vornherein zu
Hölle und Verdammnis verurteilt. Und wir nehmen dem
Menschen seine Würde und seine Selbstheit, wenn wir ihn
zur Marionette der göttlichen Vorsehung machen. Dieses
Dilemma ist unvermeidbar. Schon die Stoa hatte mit ihm
zu rechnen, obwohl der stoische Begriff von Freiheit noch
nicht die sittliche Größe und Bedeutsamkeit hatte, die er in
der biblischen Religion annimmt. Die Geschichte des Sün-
denfalles und der Vertreibung aus dem Paradiese zeigt,
wie grundlegend die sittliche Freiheit für den biblischen
Glauben ist. Aber auch die andere Seite des Dilemmas ist
nicht weniger betont in der biblischen Offenbarung, da
Gott als allwissend und die Vorsehung als universell gelten.
In letzter Linie ist der Konflikt des Verhältnisses von Freiheit und Gnade derjenige von Moralität und Gläubigkeit.
Kant, der die Moralität an die oberste Stelle seiner Welt-
anschauung setzt, hatte daher nicht recht Platz für die
Gnade. Umgekehrt haben Theologen wie Luther und
Calvin Mühe, der menschlichen Freiheit den ihr gebühren-
den Rang zu erteilen. Sie wollten vor allem die Lehre der
Pelagianer und Halb-Pelagianer entkräften, welche die
Gnade auf das Verdienst des Menschen gründet.

Wir können dem Dilemma nur gerecht werden, wenn
wir uns daran erinnern, daß die Bibel keine Metaphysik
ist, und daß ihre „Lehre", soweit von einer solchen überhaupt gesprochen werden kann, keinerlei theoretische Absicht hat oder theoretische Schwierigkeiten aus dem Wege
räumen will, sondern vielmehr eine Heilslehre ist, die
darauf ausgeht, den durch die Sünde sich und Gott ent-
fremdeten Menschen zu heilen und ihn womöglich zu heiligen. Die Endabsicht der Offenbarung ist praktisch-ethisch,
nicht ontologisch-metaphysisch. Eine Theologie im wört-
lichen Sinne, d. h. eine „Logik Gottes" will die Bibel nicht
liefern. Gott, der lebendige und wirkende Gott der Offenbarung, ist kein Begriff und kann nicht begriffen werden.
Daher ist das logische Dilemma von keiner ernsthaften
Gefahr für den Gläubigen, der als solcher eben kein Wissender ist und sein will. Die biblische Religion ist im
Gegensatz zur griechischen, aber auch zur indischen, ausgesprochen unphilosophisch, um nicht zu sagen antiphilo-
sophisch. Paulus warnt ausdrücklich vor der Philosophie.
Die biblische Religion ist gerade deshalb die religiöseste
unter allen Religionen. Sie ist reine und absolute Religion:
Offenbarung. Was die Griechen „Weisheit" genannt haben
(Philosophie heißt: Liebe zur Weisheit), vermischt Wissen
und Glauben, es ist eine Art von wissendem Glauben,
während der biblische Glaube durchaus kein Wissen ist,
noch Liebe zum Wissen, sondern Liebe zu Gott und Hoffnung auf Erlösung von Sünde und Tod.

Der im biblischen und christlichen Sinne Gläubige fragt
nicht, warum sind einige begnadet und andere von der
Gnade ausgeschlossen, weil er „weiß", daß die „Rat-

schlüsse" Gottes unergründlich sind, und daß sie ergründen wollen bereits Unglaube voraussetzt oder verrät. „Meine Gedanken sind nicht eure Gedanken" läßt der Prophet Gott sagen und Jesus wollte die „Welträtsel" nicht lösen, sondern den Menschen in ihrer Seelennot und ihrer Verworrenheit Hilfe leisten. Er wandte sich nicht an Doktoren oder Professoren, nicht an Gelehrte und Denker, sondern an arme Fischer und „gefallene" Frauen, an Kranke und Geächtete, um sie zu Gott, seinem „Vater", zu führen. Es war diese Absicht und diese Hilfe, welche die religiöse Gemeinschaft, der er angehörte, in Erstaunen und Empörung versetzte und schließlich zur Gründung einer neuen Gemeinschaft und eines neuen Glaubens führte. Wenn man sich diese Tatsachen vor Augen hält, verschwinden alle philosophisch-theologischen Fragen und Probleme.

Das Rätsel der Gnadenwahl wird durch die Freude der Erwählten und die Dankbarkeit der zu Gott Hingeführten gleichsam übertönt. Schließlich muß man gestehen, daß dieses Rätsel weder für die Auserkorenen noch für die Nichtglaubenden besteht. Für die ersteren nicht, weil sie davon überzeugt sind, daß jedem die Tür offensteht und daß denjenigen, die klopfen, aufgetan wird. Für die Ungläubigen aber kann es kein Rätsel sein, weil sie selbst die Gnade ablehnen und daher von einer Gnadenwahl nichts wissen wollen. Zwar können die Gläubigen es den Ungläubigen nicht als Schuld anrechnen, wenn sie die Gnade ablehnen, die ihnen ebenso wie den Gläubigen angeboten wird, denn sie lehnen ja die Gnade nicht aus freien Stücken oder aus Tücke oder Verstocktheit ab, sondern eben weil sie vom Strahl der Gnade nicht getroffen sind.

Daher sollte der Gläubige sie bedauern, für sie beten und
sich ihrer soweit als möglich in Demut und Barmherzigkeit
annehmen, nicht aber den „ersten“ Stein auf sie werfen,
wodurch sie sich selbst der Sünde schuldig machen, die aus
Lieblosigkeit, geistlichem Hochmut und ähnlichen der
Gnade feindlichen Untugenden hervorgeht. Gewiß spielt
in diese subtile Problematik das Verhältnis von Freiheit
und Gnade hinein, das wir nicht auf eine glatte und befrie-
digende Formel bringen können. Aber im Kern ist es nicht
die theoretische oder theologische Rätselhaftigkeit dieses
Verhältnisses, was den Gläubigen wie den Ungläubigen
drückt und beunruhigt, sondern vielmehr die im wirklichen
Leben und Erleben sich auswirkende und das Gemüt be-
schäftigende Gnadenwahl selbst.

Im tiefsten Grunde ist ja die Gnade und der Glaube
nicht trennbar. Es ist der Glaube, durch den wir begnadet
sind, wenn wir es sind. Gnade ist selbst Glaube und Glaube
ist selbst Gnade. Das Geheimnis der Erwählung läßt das
Problem des Verhältnisses von Freiheit und Gnade in den
Hintergrund treten. Wenn wir von unserer Freiheit der
Entscheidung sozusagen den falschen Gebrauch machen,
indem wir die uns gewährte Gnade des Glaubens ablehnen,
so büßen wir für diese Halsstarrigkeit und Selbstgerechtig-
keit durch den Mangel an geistig-geistlicher Hilfe, den wir
empfinden müssen, genügend. Eine besondere Schuld aber
dürfen wir diesen Halsstarrigen nicht zuschreiben. Vom
moralischen Standpunkt aus gesehen, mögen diese auf
ihrer Freiheit Bestehenden und jede Gnadenhilfe Ableh-
nenden sogar in Einzelfällen vielleicht höher stehen als die
ohne Kampf sich der Gnade beugenden und den Glauben

ohne Zweifel Hinnehmenden. Sie mögen die aus der Freiheit entspringende Verantwortung ernster nehmen als die
Glaubensgewissen. Das Luther-Wort: pecca fortiter, sün-
dige mutig, ist moralisch gesehen gefährlich und zum wenigsten zweischneidig. Niemand hat das Recht, irgend jeman-
dem den Glauben zur Pflicht zu machen. Gerade weil die
Gnade und der Glaube nicht durch den freien Willen zu
erlangen sind, ist auch der Unglaube, den selbst die Schrift
und viele Theologen, unter ihnen kein Geringerer als
Kierkegaard, als Sünde auffassen, keine Schuld oder
Sünde, sondern eine Art von Gebrechen, die unser Mit-
gefühl und unsere Hilfe erregen sollte. Es ist wohl wahr,
daß sich die Gläubigen und die Ungläubigen, die Begnadeten und Unbegnadeten nicht einfach in zwei Lager verteilen lassen. Vielmehr ist jeder Glaubende stets auch durch
den Zweifel gefährdet und ihm bisweilen ausgeliefert.
Jeder Glaubende wird, wenn er ehrlich ist, ausrufen: Herr,
ich glaube an Dich, hilf meinem Unglauben.

F. Glaube und Gnade

Der Glaube an einen heiligen und jenseitigen Schöpfergott ist an sich selbst der Kern und Inhalt der religiösen
Gnade. Auch wenn wir diesen Glauben nicht wörtlich verstehen, bleibt er doch die höchste Voraussetzung und
Grundbedingung für jeden anderen Inhalt des gnädigen
Geschehens. Deshalb ist die in Amerika heute um sich grei-
fende sogenannte „Death-of-God"-Bewegung oder die
„säkulare" Deutung des Evangeliums in Wahrheit nicht

nur antibiblisch, sondern auch antichristlich. Sie ist ein
Frontalangriff auf den Glauben der Kirche. Sie ist eine
Revolte gegen den seit beinahe zweitausend Jahren herr-
schenden Glauben, daß Gott sich in Christus für alle
Zeiten geoffenbart hat. Was bedeutet Christus noch, wenn
wir den Glauben an den Vater-Gott streichen? Die Unmöglichkeit, Christus ohne das Alte Testament als Glau-
bensinhalt zu bewahren, ist schon in den antignostischen
Schriften der frühen Kirche anerkannt worden. Irenäus
hat diesem Kampfe sein ganzes Leben gewidmet. Nach
manchem Zögern hat die Kirche eingesehen, daß es nicht
angeht, das Alte Testament aus der heiligen Schrift auszu-
stoßen und nur das Neue beizubehalten. Wenn Jesus nur
ein Mensch war, wenn Jehova und der Gott, als dessen
„Sohn“ Jesus verkündet wurde, zwei verschiedene Götter
sind, oder wenn Jehova im Grunde gar nicht Gott war,
sondern ein böser Dämon, oder wenn der Glaube an Gott,
wie Feuerbach im Beginn seiner schriftstellerischen Lauf-
bahn behauptete, die schließlich in einem krassen Atheis-
mus und Materialismus endete, nichts als die Projektion
eines menschlichen Ideals ist, dann ist Gnade eine Illusion
und der von ihr ausgehende Segen nichts als ein psycholo-
gisch erklärbarer Irrtum.

Man kann die Frivolität und den Leichtsinn einer solchen
Auffassung zwar geißeln, aber man kann den Glauben als
solchen weder beweisen noch widerlegen, eben weil er
Glaube ist und alles bloße Räsonnieren oder Spekulieren,
alle Theorie und alle Wissenschaft nicht vermögen, seine
Funktion und seine Geltung auch nur im geringsten anzu-
tasten. Die stärkste Stütze, die er erhalten kann, ist die

Einsicht, daß Gnade als solche keinen menschlichen Ursprung haben kann und überhaupt einen über alles Weltliche und „Säkulare" hinausreichende Tragweite und Heil-
kraft in sich birgt, die keine Heilkunde, keine Psycho-
analyse, keine Therapie ersetzen oder gar übertreffen kann.
Die Periode des Verfalls im Gebiete der Religion wird
vorübergehen, und die alte Wahrheit wird, vielleicht in
neuen Formen und Gestalten, wiederkehren. Denn da der
Mensch niemals im tieferen Sinne „mündig" werden wird,
so bedarf er der Gnade und des Glaubens an einen gnädigen Gott. Die heutige Glaubenskrise ist herbeigeführt
worden durch die erstaunlichen Erfolge der Naturwissenschaft und der auf sie sich gründenden Technik. Beide im
Verein haben den Wahn erzeugt, daß der Mensch des
Glaubens an Gott ebensowenig bedarf, wie er ihn in Physik und Astronomie benötigt. Sie haben die Überzeugung
gefestigt, daß Psychologie und Soziologie die Aufgaben,
früher durch die Religion gelöst, besser und vernünftiger
bewältigen können. Die Anwendung der Atomphysik in
Politik und Krieg haben freilich einige Physiker zur Be-
sinnung gebracht und ihnen die Grenzen ihrer Leistungen
und Erfindungen aufs deutlichste gezeigt. Aber die Massen
sind im Gegenteil durch diese aufsehenerregenden Neue-
rungen alarmiert und dem Glauben entfremdet worden.

Es ist freilich schwer oder sogar unmöglich, die Naivität
der früheren Glaubensjahrhunderte wiederherzustellen.
Die Bildersprache der Bibel kann in einem technisch-indu-
striellen Zeitalter wie dem unsrigen nicht mehr hoffen, denselben Anklang zu finden, den sie ursprünglich ohne Hin-
derung gefunden hat. Der rechnende Verstand und die

technischen Vorteile haben die Macht der geistig-geistlichen
Einbildungskraft geschwächt, wie sie ja auch im Gebiete
des künstlerischen Schaffens und Genießens ihre frühere
Herrschaft eingebüßt hat. Wenn sogar berufsmäßige Theologen von der Tradition so weit sich entfernt haben, daß
sie Feuerbach und Nietzsche an die Stelle des Evangeliums
setzen wollen, wie kann man da erwarten, daß die breiten
Massen der Gläubigen diese Tradition noch bewahren
sollen? Es gilt jedoch das alte Wort noch heute: Gottes
Mühlen mahlen langsam, aber mahlen trefflich klein. Alle
Fortschritte der Technik, so eindrucksvoll sie auch sind,
und so sehr sie auch das gesamte Leben umändern, die
menschliche Gesellschaft erschüttern und die überkom-
menen Normen und Gebote in Frage stellen, können doch
nicht verbergen, daß der Mensch moralisch ein hilfloses,
schwaches und leicht verführbares Wesen ist, und daß er
nach anderer Kost und Pflege verlangt, als Maschinen und
Instrumente sie ihm zu geben vermögen. Wenn die Stunde
kommt, in der diese Einsicht und diese Not sich Bahn
brechen, wird auch Glaube und Gnade wieder zu Ehren
und zur Macht gelangen. Nicht Philosophen, aber auch
nicht Theologen können das Kommen dieser Stunde be-
schleunigen oder die Kämpfe vorwegnehmen, die ihr vor-
angehen werden.

Ohne Glaube keine Gnade, ohne Gnade aber auch kein
Glaube. Der Glaube selbst ist die höchste Gnade. Selbst ein
Goethe, der zu Zeiten auf die freilich wunderbare Kraft
seines inneren Genius pochte, hatte doch auch Augenblicke,
in denen er sehr genau um Glaube und Gnade Bescheid
wußte und sie herbeisehnte. „Der Du von dem Himmel

bist, alles Leid und Schmerzen stillest, ... ach ich bin des Trei-
bens müde, was soll all der Schmerz, die Lust, süßer Friede
komm, ach komm in meine Brust." In der „Marienbader
Elegie" sagt er: „In unsres Busens Reine wogt ein Streben
sich einem Höhern, Unbekannten in Dankbarkeit freiwillig hinzugeben, wir nennens Frommsein." Nur wenn
man, wie die sogenannten „Fundamentalisten" in den Vereinigten Staaten, am Worte hängt und keinen Glauben
zuläßt als denjenigen, der durch die biblische Bildersprache
vorgeschrieben ist, wird man den Glauben, der in den
zitierten Goetheworten sich ausdrückt, als Unglauben ablehnen. Solcher Literalismus oder Verbalismus arbeitet
aber gerade denjenigen vor, welche den religiösen Glauben
überhaupt ablehnen, eben weil er ihnen nur in völlig er-
starrter Form bekannt geworden ist. Deshalb sind auch
Orthodoxie und Dogmatik für den Glauben eine große
Gefahr. Sie setzen an die Stelle des lebendigen Glaubens
einen toten Wortglauben, welcher die Ungläubigkeit her-
ausfordert und sie unterstützt. Solcher toter Verbalismus
ist freilich gnadenlos und befürwortet den Zwang und die
herzlose Äußerlichkeit eines zur Schau getragenen, aber
innerlich nicht gefühlten frommen Gebarens, welches in
Tyrannei und Heuchelei mündet. Jesus aber hat gesagt:
Die Wahrheit wird euch frei machen!

Der wahre Glaube äußert sich nicht im bloßen Hersagen
von auswendig gelernten Sprüchen oder Gebetsformeln,
sondern in dem „süßen Frieden", den Goethe herbei-
sehnt, in jener inneren Hingabe an den Höchsten, der
trotz seiner Offenbarung doch auch immer unbekannt
bleibt, wie die Schrift dies selbst ausspricht. Ohne dieses

Unbekanntbleiben würde das Mysterium verschwinden, welches ein unentbehrliches Ingrediens jedes echten Glaubens ist. Wenn Gott sich je so offenbart hätte, daß wir ihn ganz und völlig kennen würden, so wäre weder der Glaube noch die Gnade länger vonnöten, wie in der Tat manche Theologen und selbst bestellte Diener der Kirche anzunehmen scheinen. Besser als solch ein Leierkastenglaube ist dann der Unglaube, der gesteht, daß Gott der große Unbekannte bleibt, der gerade deshalb heilig ist und heilen kann. Freilich ist auch der umgekehrte Fehler, die Wahrheit der in der Bibel uns zugänglich gemachten Offenbarung abzustreiten und sie durch philosophische Spekulation verbessern zu wollen, wie das große und kleine Philosophen getan haben und noch tun, ebenso schlimm und gnadenlos. Wenn ein Denker heute behauptet, daß er „Das Sein" an die Stelle Gottes setzen möchte, weil der biblische Gott nur ein „Seiendes" ist, welches das Sein als solches voraussetzt, so ist das nicht weniger töricht, aber anmaßender als der wortgläubige „Fundamentalismus". Selbst Hegel, der eine ontologische Logik geschrieben hat, in welcher er Gott darstellen wollte, „wie er vor der Erschaffung der Welt und des endlichen Geistes" zu begreifen ist, wußte doch, daß nicht das Sein, sondern der Geist, und zwar der unendliche Geist, als das Göttliche zu begreifen ist.

Gewiß ist der lebendige Gott, der in der Schrift sich offenbart, nicht ein „Seiendes", wenn darunter etwas verstanden wird, das wie alles Seiende ein Endliches ist, das anfängt und aufhört zu sein. Aber das Sein als solches ist, wie Hegel sehr genau wußte, ein leerer Begriff, der seinen Inhalt erst durch die Entwicklung des dialektischen Denkens erhält. Das Sein ist ein abstrakter Begriff, der nicht ohne sein Gegenteil, das Nicht-Sein oder das Nichts, bestehen kann. Tillich hat erklärt, das absolute Sein sei die Synthesis des Seins und des Nichtseins. Ebendasselbe hat Hegel gesagt, aber bei ihm ist diese Synthesis nicht nur als das leere Sein, sondern als Werden zu verstehen, in welchem Sein und Nichtsein sich zusammenschließen, da das, was wird, noch nicht ist und doch auch nicht bloß ein Nichtsein ist. Diese dialektische Reflexion ist sehr viel tiefer als die abstrakte Seinsontologie, die bei Heidegger schließlich eine Seinsmystik geworden ist, in der manche christliche Gedanken wieder auftauchen. Mystik ist aber immer dem Glauben verwandter als dem Denken. Ja, die echte Mystik ist religiösen Ursprungs und findet in der Schrift selbst ihren organisch zutreffenden Sinn. Der lebendige Gott ist zugleich ein mystischer Gott, da er nur den Begnadeten oder Eingeweihten zugänglich ist. Nur sie wissen, daß Gnade und Glaube untrennbar sind, und daß der gnädige Gott, wie er sich in Christus offenbart, den Glauben auf die höchste Spitze führt. Dieser gnädige Gott ist weder das abstrakte Sein noch ist er ein Seiendes, er steht jenseits dieser Alternative, wie schon Plato wußte, wenn er das Gute als eine Idee begreift, die „epekeina ousias", jenseits des Seins thront, da aus ihr alles Seiende hervorgeht.

Nur durch die Gnade können wir mit diesem Höchsten in Berührung kommen. Deshalb ist Dankbarkeit, Hingabe, Ehrfurcht und Liebe, mehr als dialektisches oder mystisches Denken die diesem Höchsten angemessene Haltung. Der lebendige Gott der Schrift bewegt das Gemüt und den

Willen mehr als den Verstand oder die Vernunft. Gerade
weil wir ihn erkennend nicht zu erfassen vermögen, vermag
er ins Innerste des Herzens einzudringen. „La logique du
coeur“, die Logik des Herzens, ist daher, wie Pascal sagt,
die wahre Theologie. Freilich entsteht hier die Frage: kann
der Philosoph oder der Theologe dem Einzelnen helfen,
den rechten Weg zum Glauben und damit zur Gnade zu
finden? Oder ist dieses Finden ganz und gar abhängig von
den Umständen, unter denen der Einzelne aufwächst, von
der Familie, der religiösen Gemeinschaft, der Nation, der
Geschichtsepoche, der er angehört? Wahrscheinlich wird
die Antwort lauten müssen, daß alle diese Momente zu-
sammenwirken, daß aber doch der Einzelne auch in ganz
persönlicher Weise sich zu entscheiden vermag und sich nach
der einen oder der anderen Seite zu wenden vermag, auf
Grund seiner ihm eigenen persönlichen Anlagen oder Neigungen. In keinem Falle kann der Denker ihm irgend
etwas vorschreiben oder darf er ihn in dieser oder jener
Richtung binden wollen. Hier stoßen wieder Freiheit und
Gnade aufeinander und verbinden sich miteinander in
unentwirrbarer Einheit. Ein Beispiel dieser Vereinigung
wird uns durch die Erfahrung gegeben, die Paulus in
Damaskus machte, und die zuletzt doch ein unableitbares
Mysterium darstellt, oder ein Wunder, das jenseits alles
Begreifens sich vollzieht.

III. BEGNADETE FREIHEIT

A. Schicksal

Das Wort Schicksal ist nicht leicht zu definieren. Es ist etwas, das uns geschickt wird, wie das Wort Schickung noch deutlicher ausspricht. Doch wie der Vers aus Schillers Wallenstein besagt: „In deiner Brust sind deines Schicksals Sterne", es wird uns nicht nur geschickt, sondern liegt zum Teil auch in unserer eigenen Brust und kann durch uns selbst daher zu einem gewissen Grade abgewendet oder geradezu herbeigeführt werden. Jeder glaubt zu wissen, was Schicksal bedeutet, da er es ja selbst durchlebt, da es sein eigenes Leben gestaltet oder mitgestaltet. Und doch ist es schwer zu sagen, was Schicksal oder Schickung ist. Von außen kommend und doch auch von innen, beherrschbar und doch auch uns beherrschend, unerwartet und doch auch vorhersehbar. Wir können zu Knechten oder Sklaven des Schicksals werden, aber wir können es doch auch uns untertan machen. „Was die Schickung schickt ertrage, wer ausharret wird gekrönt." Schicksal ist ein wunderliches und unentwirrbares Miteinander, Durcheinander, Ineinander von Freiheit und Gnade. Das zitierte Schillerwort betont und überbetont das Element der Freiheit. Goethe scheint diese Freiheit nicht hoch angeschlagen zu haben, da so viele Stellen in seinen Gedichten und Dramen die Gegenseite

hervorkehren, die Goethe freilich nicht immer als Gnade
begreift und bezeichnet, sondern öfters als Zufall, Verhängnis oder unwiderstehliche Gewalt: „Die Sonnenrosse
der Zeit gehn mit unseres Schicksals leichtem Wagen durch
und uns bleibt nichts als mutig gefaßt die Zügel zu halten,
vom Steine hier vom Sturze da die Räder abzuhalten, –
wohin es geht wer weiß es, weiß er doch kaum woher er
kam.“ Oder wenn er die „himmlischen Mächte“ anklagt,
daß sie den Menschen schuldig werden lassen und dann ihn
der Pein übergeben, die als Strafe folgt, „denn alle Schuld
rächt sich auf Erden“. Aber wenn es wahr ist, daß wir
willenlos oder vielleicht sogar gegen unseren Willen von
äußeren Mächten getrieben werden, sind wir dann schuldig?

Das dunkle Wort Schicksal erlaubt uns in der Tat beide
Deutungen. Wären wir auf Gedeih und Verderben in die
Hand von Mächten ausgeliefert, die uns lenken oder sogar
zwingen, diesen und keinen anderen Weg einzuschlagen,
so gäbe es kein Schicksal, sondern nur eine Notwendigkeit,
die den Gang unseres Lebens bestimmt, uns aber keine
Wahl läßt. Wäre andererseits unser Leben durchaus in
unserer eigenen Hand, so gäbe es auch wieder kein Schicksal, sondern nur Freiheit, durch die wir uns selbst und damit auch den Gang unseres Lebens bestimmen. Im Schicksal
treffen sich die entgegengesetzten Pole unseres Daseins:
Freiheit und Notwendigkeit; die letztere aber wird als
Gegenmacht der Freiheit, als Gnade oder Ungnade erlebt.
Das Gegeneinander von Freiheit und Gnade erst macht
unsere Entscheidungen wie die natürliche oder geschichtliche Notwendigkeit schicksalhaft. Gerade dadurch, daß wir
nicht die alleinigen Lenker und Herren unseres eigenen

Lebens sind, daß vielmehr auch die Notwendigkeit, sei es
die der naturhaften Kausalität, sei es die geschichtliche Ver-
kettung von Ereignissen, über die wir keine Gewalt haben,
uns überwältigt oder unseren Wünschen und unserem
Streben helfend entgegenkommt, uns unterstützt, entsteht
Schicksal.

Die Notwendigkeit wird schicksalhaft nur dadurch, daß
sie in unsere Freiheit eingreift, unseren Willen durchkreuzt
oder fördert und nur dadurch erleben wir sie als gnädig
oder ungnädig. Nur als freie, sich selbst beherrschende Ich-
Subjekte können wir Gnade oder Ungnade des Schicksals
oder des das Schicksal schickenden Herrn der Natur und
der Geschichte fühlen, nur dadurch können wir diesen
Herrn als himmlisch, göttlich oder heilig verstehen, ver-
ehren und fürchten. Ein ichloses, willenloses „Objekt“ kann
Schicksal nicht erleiden oder durch Schicksal nicht beglückt
werden. Es ist schicksallos. Gott, der Herr der Natur und
der Geschichte, ist andererseits dem Schicksal überlegen, das
er ja herbeiführt. Sowohl das willenlose Ding, die Materie
oder die Naturkräfte, wie auch der absolute Wille des unendlichen, alles Begreifen übersteigenden allmächtigen
Gottes sind dem Schicksal nicht unterworfen, obwohl aus
entgegengesetzten Gründen. Bildlich können wir wohl
auch von dem Unbelebten oder Willenlosen sagen, daß es
ein Schicksal hat. Indem es in unser eigenes Schicksal
hineinreicht oder an ihm bewußtlos teilnimmt, ist es in
unser Leben verflochten und mag sogar darüber hinaus sein
eigenes Schicksal haben, wie z. B. die von Aristoteles oder
Kant hinterlassenen Schriften, Bauten, die von Bedeutung
für die Kunstgeschichte oder für das politische Schicksal

von Völkern, Städte, die wie Pompeji durch Vulkane zerstört worden sind. Ovid sagt bekanntlich: habent sua fata libelli, selbst kleine Bücher haben ihr Schicksal. Freilich sind alle diese „Dinge" mit menschlichem Schicksal verknüpft.

Im eigentlichen Sinne können nur Wesen, die einen freien Willen besitzen und Ziele erstreben, Schicksale haben, weil nur sie Glück und Unglück, Segen und Fluch, Gnade und Ungnade erfahren. Deshalb ist die Natur schicksallos, während die Geschichte angefüllt ist mit dem Schicksal von Völkern und Nationen, Königen und Staatsmännern, Heroen und Märtyrern, Dichtern und Künstlern. Die Natur ist daher im strengen Sinne ebenso schicksallos wie alles Materielle, sie ist weder der Gnade noch der Ungnade unterworfen, obwohl sie sich dauernd verändert und insofern geschichtliches Dasein hat. Als bloß materielle Natur ist sie unfühlend und ziellos. Da sie aber in die Menschengeschichte eingeschlossen ist, so kann sie schicksalbildend sein, sowohl segensreich wie auch zerstörend wirken. Dennoch werden wir sie nicht gnädig oder ungnädig nennen, wenn wir das Gewicht dieser Worte bedenken. Kälte oder Hitze mögen ohne Gnade uns bedrängen, aber nicht sie, sondern nur der Herr des Schicksals kann uns im wahren Sinne gnädig oder ungnädig behandeln. In seiner Hand ruht letzthin unser Schicksal. Wenn Schiller vom Schicksal redet, „welches den Menschen erhebt, wenn es den Menschen zermalmt", so hat er die Begegnung von Mensch und Gott im Auge. Nur durch die Beziehung auf den Willen Gottes kann das Schicksal gnädig oder ungnädig werden, weshalb unsere eigene innere Haltung im

Empfangen und Ertragen des „Geschickten" von religiöser
Bedeutung ist. Wir sind nicht bloß fremden Mächten ausgeliefert, sondern antworten ihrem Ansturm durch Glaube
oder Unglaube.

Unsere Freiheit ist daher überall im Spiele, wo das
Schicksal uns entweder Schläge erteilt oder uns begünstigt.
Es gibt eine Gnade, die nur durch Leiden und im Leiden
uns gewährt wird. Der griechische Dichter sagt, durch Lei-
den lernen wir. Wahrscheinlich meinte er etwas Ähnliches.
Leiden können unter Umständen Hochmut und Übermut
dämpfen und dadurch gnädige Folgen haben, aber sie
können auch uns schwächen und bis zur Zerstörung unserer
Seele führen. In beiden Fällen ist das Schicksal mit der
Freiheit unseres Selbst aufs innigste verbunden. Durch diese
Freiheit verwandelt sich das bloße Geschehen in ein von
Gott Gewolltes, welches entweder als Zeichen seiner Gnade
oder seiner Ungnade verstanden wird, als Segen oder als
Fluch, als Belohnung oder Bestrafung. Freilich ist dieses
Verstehen durch den Glauben bedingt, also in letzter Hin-
sicht durch Gnade. Wenn die Ungnade, der Fluch oder die
Strafe uns zu zerstören drohen, dann ist auch der Glaube
selbst in Gefahr, weil die Freiheit der Person durch die
Zerstörung des gläubigen Ichs gleichfalls zerstört wird, so
daß der Gegensatz von Gnade und Ungnade nicht mehr
erlebt werden kann. Dann hört jedoch auch das Schicksal
auf, sich von bloßem Geschehen zu unterscheiden. An dieser
Grenze ist das Geschickte kein Geschicktes mehr, weil der
Schickende nicht mehr als Schickender, als ungnädiger,
strafender Gott erlebt wird, sondern als bloßer Zufall, als
sinnlose, nicht mehr als heilende Kraft. Hiob befindet sich

an dieser Grenze, wenn er Gott anklagt ungerecht und un-
barmherzig zu handeln, d. h. wenn er in Gefahr ist, nicht
mehr an Gott zu glauben. Diese gefährliche Haltung, die
Hiob an den Rand des Unglaubens stößt, gibt den Freunden das Recht, ihm vorzuhalten, er müsse gesündigt haben.
Erst wenn Hiob zum Glauben zurückkehrt und seine
Blindheit eingesteht, nimmt Gott für ihn Partei und ver-
wirft das Urteil der Freunde. Es ist eine feine und subtile
Dialektik, die in dieser dramatischen Entwicklung sich
darstellt.

Solange wir nicht völlig zerbrechen, können wir auch
im härtesten Schicksal noch immer eine gnädige Hand
fühlen, die sich uns in aller Dunkelheit anbietet und uns
Hilfe leistet oder im schlimmsten Falle uns durch Strafe,
Prüfung oder Belehrung erzieht oder läutert. Selbst in der
Entziehung der Gnade können wir daher noch eine väter-
liche Fügung erblicken und in negativer Weise die göttliche
Gnade empfangen. Freilich als endliche und sterbliche
Wesen wissen wir, daß der Augenblick unausbleiblich ist,
der unser Dasein auf Erden beendet und damit auch den
Empfang von Gnade oder Ungnade. Einmal hört die Prü-
fung und huldvolle Lenkung auf. Deshalb dürfen wir die
uns gewährte Frist nicht verschwenden oder vertrödeln,
sondern müssen auf Grund der uns gewährten Freiheit das
Unsrige tun, um der Gnade uns würdig zu erzeigen, und
sie dankbar begrüßen. Sie ist das einzige Licht in der
Finsternis unserer Unwissenheit und unserer Unfähigkeit,
aus eigener Kraft das Ziel des Guten zu erreichen, welches
unserer Freiheit den positiven Inhalt und Gehalt verleiht.
Da die Gnade jedoch nicht aus uns selbst fließt und nicht

durch unsere Lebenskraft begrenzt ist, so haben wir keinen
Anlaß, die Todesstunde als das Grab der Gnade anzusehen,
Die Freiheit ist durch viele Hemmungen und Hindernisse
beschränkt, aber die Gnade ist so unendlich wie ihr Geber.
Das Licht, das von ihr ausgeht, ist im Gegensatz zu
unserer Endlichkeit von ewiger Dauer. Zwar hört im Tode
das Schicksal auf, das unser Leben formt, und in dem wir
Gnade erkennen können, aber sie selbst ist nicht durch
unser Schicksal gebunden, sondern mag unser Scheiden aus
dieser Welt in geheimnisvoller Weise überdauern.

Zwar gibt es keine für uns hilfreiche Gnade ohne unsere
Freiheit, aber nicht die Freiheit, sondern die Gnade ist der
aus der Ewigkeit zu uns dringende Ruf, der uns in die
Ewigkeit hinaufruft und schon hier auf Erden uns gestattet,
an der Ewigkeit, wenn auch nur im Horizonte unseres
zeitlichen Daseins, teilzunehmen. Nicht das Schicksal, sondern der Herr des Schicksals ist der Schöpfer und Spender
der Gnade, er, der uns ins Leben hineingeführt (nicht
hineingeworfen!) hat, und dem wir alles, was wir besitzen
und was wir sind, verdanken, sogar die Freiheit, die uns
Selbstheit und Ichheit verleiht. Wenn wir seine Gnade in
unserem Leben verspüren, dann wandelt sich das Schicksal in einer freilich nicht begreiflichen und nicht beweisbaren Weise in Vorsehung. Schicksal ist eine jedem, dem
Gläubigen wie dem Ungläubigen, widerfahrende Kette
von Ereignissen, Gnade aber ist nur dem Gläubigen zugänglich, ja der Glaube selbst ist an sich die höchste Gnade
und die Voraussetzung für das Erfahren aller Gnade überhaupt.

Schicksal, Fügung und Gewissen stehen in einer geheimen, nicht auflösbaren Einheit. Wir gehören der Natur und der Geschichte an, aber wir sind auch von Natur und Geschichte unabhängige, in sich selbst lebende und die Last der Verantwortung tragende, mit Freiheit ausgestattete Ichsubjekte. Schicksal und Schuld sind deshalb untrennbar, aber auch unscheidbar ineinander verschlungen, weshalb wir der Gnade bedürfen. Trotz unserer Freiheit, die uns schuldig werden läßt, greift auch das Schicksal machtvoll und unwiderstehlich in unser Wollen hinein. Dürften wir nicht auf gnädiges Verzeihen hoffen, so würden wir unausgesetzt von den Furien oder Erinnyen gehetzt sein. Gott ist der oberste Richter, der allein in das Innere unseres Herzens hineinblicken kann. Er ist zugleich aber auch ein Freund und übt deshalb Barmherzigkeit, wo wir sie nicht verdienen. Martin Buber hat mit tiefem Blick das Verhältnis des Menschen zu Gott als ein Ich-Du-Verhältnis gesehen. Aber dieser Ausdruck darf uns nicht vergessen lassen, daß eine unendliche, unüberbrückbare Kluft uns von dem obersten Richter trennt. Es ist nicht nur unsere abgründige Unwissenheit, die diese Kluft aufreißt, sondern auch unsere Schicksalhaftigkeit, die unseren Willen in ungewollte Bahnen hineinzwängt, und die deshalb uns erlaubt, diesen Richter um Vergebung zu bitten. Wir dürfen nicht mit Gott auf du und du stehen, denn er ist zugleich ein Überdu, wie er auch ein Überich ist, ein verborgener Gott, der, selbst wenn er sich offenbart, noch in der Ferne bleibt und uns sowohl Liebe wie auch Furcht einflößt.

Der zürnende und strafende Richter, der unser Gewissen bedrückt, aber auch Gnade übt, weil er die Tücke und Gewalt des uns treffenden Schicksals kennt, erregt zugleich

Furcht und Ehrfurcht, Schrecken und Dankbarkeit. Diese
Doppeldeutigkeit überträgt sich auf den Tod, der den
Faden des Schicksals abschneidet, und der zugleich ein
Freund und ein Feind ist, weil er uns erlöst von allen
Gewissensqualen wie von allen Schmerzen und Leiden, uns
aber auch von den Nächsten losreißt, die trauernd zurück-
bleiben. Deshalb sind Gott und Tod in geheimnisvoller
Weise miteinander verbunden. Der römisch-katholische
Brauch der Sterbesakramente behält insoweit seine Berech-
tigung. Er befindet sich in tiefer Übereinstimmung mit
dieser unzerreißbaren Einheit von Gott und Tod, von
Vergebung und Schuld, von Gnade und Schicksal. Im
Tode fühlen wir die Fragwürdigkeit unserer Freiheit, die
schließlich durch das Schicksal überwältigt wird. Im Tode
sind wir auf Gnade und Ungnade dem unendlichen Gotte
ausgeliefert, der uns annehmen oder abweisen kann. Daher bedürfen wir im Tode mehr denn je vorher seiner
Gnade.

Es ist wohl diese unermeßliche Bedeutung des Todes,
welche die Jünger Christi bewog, den grauenhaften Tod
ihres Meisters als den Anfang der Erlösung zu feiern, die
von ihm ausgegangen war. Der Tod raubte ihnen die unendliche Liebe, die sie in ihm gefühlt hatten, zugleich aber
gemahnte er sie an die unsterbliche Erhabenheit und göttliche Macht, die von ihm ausstrahlten. Sein Tod wirkte sich
daher in überirdischen Bildern seiner Ewigkeit aus. Gott
und dieser am Kreuze hängende Mann waren fortan in
ihrer frommen Einbildungskraft unzertrennlich eines. Die
Vorsehung hatte das Schicksal überwunden und sich unterworfen. Auch ihr eigenes Schicksal wurde durch diesen

schaurigen Tod umgewandelt in den gottgewollten Bund,
aus dem die neue Religion sich entwickelte.

Solange wir zwischen Gottesnähe und Gottesferne un-
sicher und schwankend schweben, erscheint uns der Tod als
das unheimlichste und furchtbarste Verhängnis, das dauernd
über uns schwebt und dem wir nicht entrinnen können.
Erst wenn wir des Übergewichts der Ewigkeit gewiß geworden sind, ist auch der Tod nicht mehr schreckend,
sondern ein Gefährte, der uns in die Ewigkeit hinein-
geleitet. In begnadeter Freiheit können wir ihm ruhig und
getrost ins dunkle Auge schauen. Der Gegensatz von Freiheit und Gnade endet in ihm und durch ihn. Der Tod
beraubt uns unserer Güter und Gaben, aber nicht der
Gnade. Im Gegenteil muß es als Gnade erscheinen, daß
wir nicht für alle Zeit so wie die griechischen Götter einem
ungewissen Schicksal ausgesetzt oder einer endlos dauern-
den Prüfung unterworfen sind. Freilich zeigt sich in der
Verschiedenheit der menschlichen Lose, daß die Gerechtigkeit Gottes sich nicht mit der Elle messen läßt. Schiller sagt
zwar: „Ohne Wahl verteilt die Gaben, ohne Billigkeit das
Glück, denn Patroklus liegt begraben und Thersites kehrt
zurück.“ Aber solche Reflexion ist dem heidnischen Denken der Griechen entnommen. Das „Glück“, von dem hier
die Rede ist, darf nicht mit der Gnade im christlichen Sinne
identifiziert werden. Fortuna, die Glücksgöttin, ist nicht
der gnädige Gott der Schrift.

B. Glaube

Nicht Glücksgüter machen den Inhalt der Gnade aus,
sondern der Glaube, das Vertrauen, die Liebe zu Gott, die
auch und gerade im Unglück ihre Leuchtkraft entfalten.
Der Glaube trägt uns über alle Schicksalswendungen hinweg und gibt uns die Kraft, das Traurige, Widerwärtige,
Feindselige zu ertragen. Eine überirdische und deshalb
durch irdische Verluste oder Verwundungen nicht zu er-
schütternde Gewißheit gibt dem Glauben seine Stärke.
Weil diese Gewißheit nicht durch Erfolge, Ereignisse oder
Verdienste, sondern durch das über alles Zeitliche erhabene
Bewußtsein einer über uns thronenden Macht uns gewährt
wird, kann sie auch nicht durch zeitlich gebundene Leiden
getrübt werden. Mangel, Verarmung, Vertreibung, Krän-
kungen und Beleidigungen können wohl unser Gemüt be-
drücken und uns empfindlichen Schaden zufügen, aber sie
können nicht die Gnade des Glaubens uns rauben oder
verdüstern. Der Stoiker wähnte, daß er in sich selbst die
Kraft besitze, sich über alles Vergängliche hinwegsetzen
und aus der durch ihn nicht beherrschbaren Welt zurück-
ziehen zu können. So erklärt Epiktet mit einem gewissen
Stolz, daß die Lahmheit seines Beines ihn innerlich gar
nicht angehe, denn er selbst sei nicht sein Bein, sondern
innerlich unabhängig von ihm und diese Unabhängigkeit
sei das Entscheidende für die geistige Haltung zur Welt
und zu Gott.

Gewiß muß man Äußerliches vom Innerlichen unterscheiden, und gewiß kann der Mensch durch „stoische“
Haltung äußere Leiden in einem bestimmten Grade durch

innere Tapferkeit und „Autarkie" überwinden. Aber schließlich würde ja Epiktet wohl gar nicht von der Lahmheit seines Beines reden, wenn er eben nicht doch auch durch dieses Leiden sich behindert gefühlt, es also auch innerlich empfunden hätte. Der Unterschied von Innerem und Äußerem, so gewichtig er auch immer ist, darf doch nicht darüber täuschen, daß beide in der Ganzheit der Person verbunden sind, und daß daher ein Wechselbezug beider aufeinander stattfindet. Jedenfalls können sie nicht mit dem religiösen Gegensatz von Irdischem und Göttlichem, Zeitlichem und Ewigem gleichgesetzt werden. Autarkie ist nicht Glaube, es ist eine Tat oder Haltung des freien Willens, Freiheit aber und Gnade fallen nicht in eins zusammen, obwohl in der stoischen Tapferkeit eine Art von Vorstadium dessen gesehen werden kann, was ich begnadete Freiheit nennen möchte, in der Freiheit und Gnade sich wirklich gegenseitig durchdringen. Im stoischen Gleichmut herrscht jedoch der Wille vor, in der begnadeten Freiheit aber der Glaube. Die stoische Autarkie ist ein Resultat philosophischen Denkens oder Wissens. Die stoische Religiosität hat eine intellektuelle Wurzel, sie beruht nicht auf einem aus Offenbarung quellenden Glauben, sondern auf einer kosmologischen Anschauung, die allerdings zugleich „Weisheit" ist.

Der stoische „Weise" ist zwar nicht ein bloß theoretisch Wissender, sondern meistert durch sein Wissen den Willen und ist daher fähig, sein Leben seinem Denken gemäß zu formen. Dennoch ist diese Weisheit nicht ein Geschenk der Gnade, sondern eine durch die menschliche Intelligenz erworbene, wenn auch das Ganze der Welt umfassende begreifende Anschauung, verwandt dem, was die deutschen

Idealisten „intellektuelle Anschauung" nannten, die sie als Grundlage ihres metaphysischen Erkennens betrachteten. Die begnadete Freiheit dagegen ist keine aus menschlicher Anschauung und metaphysischem Wissen stammende Kraft, sondern beruht auf einem von Gott ausstrahlenden Glauben. Sie ist eine gläubige, durch Glauben begnadete und getragene Entscheidung des Willens. Nicht philosophische Religiosität ist ihr Ursprung, sondern die menschliches Wissen und menschliche Weisheit überragende, göttliche Inspiration. Dennoch ist diese Inspiration im Willen tätig. Sie wird nicht als Zwang gefühlt, sondern als eine die menschliche Schwäche ergänzende und den Willen zu seinem höchsten Ziele beflügelnde, ihn begnadende Hilfskraft. Ohne diese Hilfskraft, die wir Glaube nennen, würde der Wille leicht straucheln oder Versuchungen anheimfallen. Der Stoiker war sich dieser Gefahren nicht voll bewußt, weshalb er es für möglich hielt, daß des Menschen eigene Kraft ausreiche, um ihnen zu begegnen und sie zu bezwingen.

Das Kloster und die mönchische Disziplin suchen die stoische Selbstüberschätzung zu bekämpfen, indem sie dem Glauben und nicht dem Wissen die Begnadung des Willens anvertrauen. Aber sie schießen über das Ziel hinaus, indem sie die Freiheit knebeln, statt sie zu stützen und zu kräftigen. Sie setzen an die Stelle der begnadeten Freiheit, die dem Wollen und Handeln Spielraum läßt, eine begnadete Unfreiheit, die ihm alle Entscheidungen sozusagen aus der Hand nimmt und einen bloß passiven Glauben übrigläßt. Das bekannte Wort „Mut zeiget auch der Mameluck, Gehorsam ist des Christen Schmuck" bewegt sich in dieser

Richtung. Noch drastischer ist die der Jesuitensprache ent-
stammende, den Willen knechtende Vorschrift vom „Ka-
davergehorsam", der Menschen nicht nur alle Freiheit, sondern sogar Leben und Seele zu nehmen droht. Wenn diese
Vorschrift wörtlich befolgt wird, so ist mit der Freiheit
auch die Gnade dem Gläubigen entzogen und der Mensch
zum Sklaven, ja zum toten Werkzeug des Ordens herab-
gewürdigt.

Gott wendet sich an Menschen, die mit dem freien Willen
ausgestattet sind und daher Verantwortung für ihr Wollen
und Handeln selber tragen und sie nicht auf eine Ordens-
gemeinschaft, mag sie in ihren Absichten noch so rein und
in ihrer Gesinnung noch so gottergeben sein, übertragen
können. Die Begnadung der Freiheit kann daher nicht
von der Kirche noch von einer religiösen Gemeinschaft
übernommen werden und stellvertretenderweise von ihr
statt von dem individuellen Ichsubjekte selber empfangen
und ausgeübt werden. Nur dieses Ichsubjekt, dieser Ein-
zelmensch kann sie in seinem Leben und Wirken leben-
dig machen, wenn er auch durch solche Gemeinschaft
in seinem Wollen und Handeln unterstützt und erzogen
werden mag. Daher kann auch nur er die Begnadung erfahren und aus ihr heraus das höchste Gute anstreben.
Letzthin ist es Gott, der ihn begnadet, nicht irgendeine
menschliche Gemeinschaft, sie sei immer so ehrwürdig und
durch Tradition geweiht. Nur Gott ist heilig, nur er daher
fähig, den freien Willen zu begeistern und zu heiligen. Freilich bleibt diese Begnadung ein Mysterium, welches durch
die menschliche Sündhaftigkeit jederzeit in Frage gestellt
ist. Es gibt nicht den „Heiligen", der nicht auch versucht

und unter Umständen der Versuchung verfallen würde. Das schöne und tiefe französische Wort: „L'homme s'agite et Dieu le mène" gilt nur von dem begnadeten Menschen und seiner Freiheit.

Glaube ist Begnadung. Durch sie schlägt Gott die Brücke von seiner verborgenen Höhe zur Niedrigkeit des Menschen. Wir müssen daher Luther darin recht geben, wenn er behauptet, daß kein Mensch aus sich heraus auf Grund seiner Freiheit je vollkommen sein und selbstlos handeln könne, und wenn er von dieser Sicht her dem Menschen die Freiheit abspricht. Wir sind alle durch die Notdurft unserer animalischen Natur gebunden und ein Etwas von dieser Unfreiheit geht selbst in den „edelsten" Menschen hinein. Daher bedarf er der Gnade, durch welche seine Freiheit von Selbstsucht gereinigt und erst im vollen Sinne Freiheit wird. Ohne Glauben aber kann er dieser Gnade niemals teilhaft werden. Der Mensch der Neuzeit gesteht sich ungern diese Unfreiheit ein. Er versteht die Verantwortung als Autonomie oder Selbstgesetzlichkeit, die für ihn das Wahrzeichen und die Garantie seiner Freiheit ist. Von begnadeter Freiheit will er daher nichts wissen, weil sie ihn in seinen eigenen Augen herabsetzt und unmündig macht. Aber sind wir nicht alle unmündig, weil wir Geschöpfe sind, die niemals von den Banden ihrer Geschöpflichkeit frei werden können? Diese Geschöpflichkeit macht uns des Glaubens und der Gnade bedürftig. Sie ist der Grund, der die begnadete Freiheit gewichtiger und wertvoller macht als die durch sittliche Vernunft allein betätigte.

Die als Glaube erlebte Gnade darf nicht zu eng gefaßt werden. Sie bezieht sich nicht nur auf Sündenvergebung, sondern auf die gesamte Person und ihr Schicksal. Obwohl die verzeihende Gnade im Mittelpunkt des christlichen Glaubens steht, so können wir doch auch abgesehen von ihr unser gesamtes Leben als begnadet oder aber als der Gnade nicht teilhaftig betrachten. Wiederum ist es nicht das Glück oder ein glückhaftes Gelingen unserer Wünsche und Pläne, was das Leben begnadet macht, sondern der innere Reichtum, die Demut, die Liebe zu Menschen und zu Gott, die Gottnähe, wodurch der Glaube uns die in ihm liegende Gnade spendet, uns dazu verhilft Schweres mutig zu ertragen, das Leid des Nächsten zu mildern, Frieden und Harmonie in uns selbst und in dem uns umgebenden Kreise zu erzeugen und zu bewahren. So können wir von einer begnadeten Freundschaft, einer begnadeten Ehe oder einer begnadeten Familiengemeinschaft und von dem Gegenteil dieser Begnadigungen reden. Immer aber wird der Glaube eine entscheidende Rolle in ihnen spielen und sein Mangel die Gefahr des Unfriedens, der Rücksichtslosigkeit, des Zwistes und Streites in sich schließen.

Der Glaube an einen ewigen und heiligen Gott, der nicht nur die Welt geschaffen hat, sondern sie auch in seinem Herzen trägt (bildlich gesprochen), läßt uns die Härte der Welt, die Enttäuschungen, die Mißerfolge, selbst die Feindschaft und den Haß besser erdulden und drängt uns eher zum Verzeihen als der Mangel dieses Glaubens. Deshalb betet Jesus: „wie wir verzeihen denen, die uns Unrecht getan haben.“ Mit Recht sagt Gabriel Marcel, daß derjenige, der im eschatologischen Sinne und Geiste auf das Kommen des Reiches Gottes hofft, auch in kleineren Dingen hoffnungsvoller gestimmt ist als der Ungläubige. Wer trotz

aller Kümmernisse und alles Grams doch den Glauben an
das Gute nicht verliert, wird in seinen weiten oder engen
Bezirken das Gute besser fördern als der Verneiner. Der
Glaube begnadet unseren Willen und damit unsere Freiheit. Vielleicht gibt es Lebenslagen, in denen die absolute
Verneinung des Daseins keinen Tadel zuläßt, in denen daher selbst das freiwillige Abschneiden des Lebensfadens
kein moralisches Urteil erlaubt, aber auch in diesen extre-
men Fällen wird der Glaube noch zur Ermutigung und
zum Ausharren anspornen. „Was die Schickung schickt,
ertrage, wer ausharret, wird gekrönt."

Freilich dürfen wir nicht vergessen, daß der Glaube auch,
insbesondere der in Institutionen organisierte und nach
Einfluß und Macht strebende, von denselben Mängeln,
Fehlern und Gebrechen geplagt wird, wie wir sie überall
in der menschlichen Gesellschaft am Werke sehen. Das
Individuum ist immer besser als die Gemeinschaft, obwohl
es der Gemeinschaft bedarf wie sie seiner. Der Glaube, der
unsere Augen und Herzen empor zu den himmlischen
Mächten heben und dadurch sie stärken und bessern sollte,
kann auch zum gefährlichen Werkzeug des Eigennutzes,
des Stolzes, des Übermuts und des Hochmuts werden, wie
die Welt- und Kirchengeschichte uns allzu reichlich und
allzu eindrucksvoll lehren. Fanatismus und Ausbreitungs-
sucht wirken zusammen, um das Höchste zu erniedrigen
und das Hellste anzuschwärzen. Inquisition und Glaubens-
verfolgung führen eine laute Sprache. Der Glaube, der das
Innerste der Seele betrifft und der uns zum Guten und
Besten antreiben sollte, wird auf solche Weise zum Ge-
fährten der Sünde. Die uns im Glauben zufließende Gnade

verkehrt sich in Ungnade und Fluch. Dieses Paradox erklärt sich daraus, daß der Glaube trotz seines göttlichen
Inhalts eine menschliche Regung und Leidenschaft ist, die
als solche die Schwächen des Menschlich-Endlichen abspie-
gelt und uns daher ins Verderben hinabreißen kann statt
uns Segen und Frieden zu schenken.

Reinhold Niebuhr hat mit Recht betont, daß der indi-
viduelle Mensch immer besser ist als die Gattung im allgemeinen. Die Masse, ein Volk, ein Staat sind nicht, wie man
wohl meinen könnte und gemeint hat, die Summe oder das
Aggregat der Einzelnen, sondern etwas Neues ihnen gegenüber. Der Einzelne fühlt oder weiß, daß Selbstsucht und
Habgier Laster sind, aber die Staaten haben kein Gewissen,
sondern folgen nur ihren „Interessen“ und nennen dieses
Motiv „Staatsraison“, das von Staatsmännern ohne
Skrupel, ja mit Stolz als das Leitmotiv ihres Handelns
angewandt wird. Der gewaltige Unterschied zwischen Gott
und Cäsar, so scharf betont von Jesus, ist offenbar unab-
änderlich. Das Reich Gottes ist nicht „von dieser Welt“.
Aber es existiert, zum wenigsten, in der Form des Glaubens
in der Seele des Gläubigen. Jede öffentliche Äußerung, die
diesen Glauben proklamiert, wird leicht zur Veräußer-
lichung. Deshalb erscheinen so oft Predigten als hohl und
unwahr. Obwohl die Kirche von dem Einzelmenschen
Jesus ausging, so wurde sie doch in ihrer Entwicklung eine
Art Staat, ja sogar ein „Kirchenstaat“.

C. Schuld

In gewissem Sinne ist die begnadete Freiheit keine Freiheit mehr. Indem wir uns auf Gnade und Ungnade dem
Ewigen hingeben, indem wir darauf verzichten, die volle
Verantwortung für unser Wollen und Handeln zu übernehmen, hören wir auf Ichsubjekte zu sein und unterwerfen
uns dem Willen des Höchsten. Höchste Freiheit scheint
demnach Unfreiheit zu werden, zwar nicht bloße Notwendigkeit wie diejenige der Kausalität in der Natur, aber
doch auch nicht mehr entscheidende und beschließende
Willensfreiheit, sondern Hingabe, Verzicht auf eigene
Aktivität, wie sie das Jesus-Wort ausspricht: „Dein Wille,
nicht mein Wille geschehe." Moralität scheint an diesem
Rande der Freiheit in Religiosität aufzugehen und damit
ihre Selbständigkeit und Autonomie zu verlieren. Mit
anderen Worten: wo die Verantwortung nicht mehr total
und absolut ist, scheint sie überhaupt nicht mehr sie selbst
zu bleiben, sondern in Glauben sich zu verwandeln. Zwar
erreicht die Freiheit gerade auf dieser Spitze ihre höchste
Verwirklichung, aber sie ändert ihren Charakter so vollständig, daß von begnadeter Freiheit zu sprechen ein para-
doxer, sich selbst widersprechender Ausdruck zu werden
scheint. Ist Freiheit vielleicht nur dann Freiheit, wenn sie
ungeteilt und ungeschmälert sie selbst ist? Kann Freiheit
noch bestehen, wo Gnade sie überhöht?

Hier erreichen wir die schwerste und abgründigste
Problematik des Verhältnisses von Freiheit und Gnade.
Im tiefsten Sinne verstanden ist ja dieses Verhältnis das
von Mensch und Gott. Kann der Mensch noch er selbst

bleiben, kann er sein Selbst, seine Ichheit noch bewahren, wenn Gott gewissermaßen die Lenkung seines Willens ihm aus der Hand nimmt? Die Schwere und der Ernst dieser Frage wird völlig deutlich, wenn wir weiter fragen, ob der Mensch sich noch schuldig fühlen kann, ob überhaupt noch von Schuld die Rede sein kann, wenn nicht er, sondern Gott die Zügel führt und die Richtung bestimmt, in welcher sein Wille sich zu entschließen hat?

Solche Folgerung würde indessen voreilig und allzu einfach sein. Wir könnten ja gar nicht von einem Paradox sprechen, wenn die Frage so einseitig und kategorisch beantwortet werden dürfte. Dann könnte die Problematik gar nicht entstehen, von der die Rede war. Vielmehr stehen wir hier an einem Scheidewege, wo wir weder in der einen noch in der anderen Richtung geradeaus weiterschreiten dürfen, sondern einen dritten noch ungebahnten und ungebauten Weg uns zu eröffnen haben. Gott und Mensch treffen hier in der Tat zusammen. Die Gegensätze berühren sich und wir erkennen, daß eine klare Scheidung hier die Wahrheit verfehlen würde. Zwar ist es unzweifelhaft, daß nicht Gott, sondern der Mensch die Schuld trägt und ihre Folgen auf sich zu nehmen hat. Wenn irgendwo die Freiheit des Menschen sich als unabweisbar zeigt, so hier. Aber wie steht es, wenn ich die Versuchung überstehe und dadurch der Verfehlung aus dem Wege gehe? Wie steht es überhaupt mit dem Willen zum Guten und mit der guten Tat? Ist sie mein alleiniges Verdienst? Bin ich der Urheber einer vollkommen selbstlosen Handlung? Bin ich trotz der Endlichkeit und Fehlbarkeit meines Willens und meines Charakters fähig, ohne die Hilfe Gottes, ohne begnadete

Freiheit das Gute um des Guten willen zu tun? Oder ist es Gott, der es in mir wirkt und bin ich bloß das Instrument oder das Werkzeug, welches Gott benützt, um das Gute in die Tat zu übersetzen? Mit anderen Worten: bin ich bloß der Täter, wenn ich nicht das Gute um des Guten willen, sondern immer auch um meinetwillen, um meines Vorteils willen oder um des Erfolges willen tue, der mir dadurch zufließt? Ist das Gute immer durch Gott gewollt und durch ihn vollbracht, durch mich aber nur das Nicht- oder Nicht-nur Gute?

Eines ist sicher: als endliches Wesen kann ich niemals das an sich Gute in voller Reinheit und Vollkommenheit zum Beweggrund meines Wollens und Handelns machen. Ich bin also in dieser Hinsicht nicht frei, sondern lebe unter dem Joche dieses Zwanges. Dennoch fühle ich die Verantwortung für mein Wollen und Tun, und ohne diese Verantwortung wäre ich kein Ich und kein Selbst. Eine sonderbare Verwirrung befällt daher unser Denken, wenn wir versuchen, das Wesen der Schuld zu ergründen. Ohne allen Zweifel enthält die Idee der Schuld den Stachel des Vorwurfs und setzt daher die Freiheit unserer Entscheidung voraus. Und doch können wir auch nicht leugnen, daß unsere Endlichkeit uns hindert, schuldlos durchs Leben zu gehen, daß unser Geschaffensein Neigungen und Antriebe einschließt, die auszuschalten uns niemals völlig gelingen kann. Heiligkeit im Vollsinne ist uns versagt. Wenn wir uns schmeicheln ihr nahegekommen zu sein, so sind wir der Gefahr der Heuchelei und des Selbstbetrugs ausgesetzt, Lastern, die vielleicht schlimmer sind, als die angeblich ausgeschalteten Antriebe es gewesen wären. Kant redet in diesem Zusammenhang von einem „radikalen Bösen" in unserer Natur, einem Hang, sich vorzubehalten, ob wir dem strengen und keine Milderung zulassenden „moralischen Gesetze" folgen oder ihm den Gehorsam aufkündigen wollen. Kant hat sicherlich die Erhabenheit des moralischen Gesetzes richtig und aufrichtig gesehen und begriffen. Aber er hat doch die Verwirrung, in die unser Denken verfällt, wenn es das radikale Böse in unserer Natur zu begreifen sucht, nicht genügend erkannt.

Goethe hat besser als der große Denker das Zwiespältige und Widerspruchsvolle der Schuldidee durchschaut, wenn er den Menschen „unschuldig-schuldig" nennt. Genau dies ist unsere wahre Situation. Wir haben kein Recht, den Widerspruch, auf den wir hier stoßen, zu vermeiden oder zu verhüllen. Wir geraten in der Tat hier in eine letztlich unausdenkbare, logisch unentfliehbare Falle hinein. Aber gerade diese Falle, diese Unmöglichkeit denkend ihr zu entrinnen, weist auf etwas hin, was jenseits des Denkens liegt. Die Paradoxie der Schuld wird noch sichtbarer, wenn wir uns klarmachen, daß die Freiheit, dem Gesetz zuwider zu handeln, uns in die Unfreiheit verstrickt, die dadurch entsteht, daß wir der Leidenschaft oder der Begierde folgen, wenn wir uns von dem Sollen des Gesetzes „frei" machen. Wir versklaven uns dann, statt frei zu werden. „Nur das Gesetz kann uns Freiheit geben" sagt Schiller mit Recht. Denn im echten Sinne sind wir nur frei, wenn wir dem Guten nachstreben. Nur dann können wir ein „gutes" Gewissen haben, nur dann handeln wir als Ichsubjekte, statt dem Naturtriebe uns zu unterwerfen. Die Schuld beraubt uns der sittlichen Freiheit, die allein mit unserer Ichheit übereinstimmt. Richard der Dritte will deshalb in dem gleichnamigen Drama von Shakespeare nicht wahrhaben, daß er die verbrecherische Tat begangen hat, er will sie vor sich selbst verbergen, um seine Ichheit zu retten. Und doch versklaven wir uns „freiwillig“, sonst würden wir kein „schlechtes“ Gewissen haben und keine Schuld fühlen. Es ist ein „Nest von Widersprüchen“ (Kant), in das wir so hineingeraten oder vielmehr uns selbst verwickeln, wenn das Böse in uns über das Gute siegt.

Die Freiheit zum Bösen ist zugleich Unfreiheit. Die Unfreiheit aber, welche die Gnade über uns verhängt, ist vielmehr die wahre Freiheit, weil sie uns heißt das zu tun oder zu lassen, was wir eigentlich wollen, oder weil das Gute und die Ichheit unzertrennlich miteinander verknüpft sind. Paulus beschreibt treffend diese eigentümliche und paradoxe Situation des Menschen, wenn er sagt, was ich eigentlich tun will, das tue ich nicht, was ich aber tue, ist das, was ich eigentlich nicht tun will, und deshalb bin ich ein unglückseliger Mensch. Nur die Gnade errettet mich aus dieser widersinnigen und verkehrten Verstricktheit. Nur die begnadete Freiheit ist wahre Freiheit. Nur sie kann uns ein gutes Gewissen verschaffen. Da wir aber aus eigener Kraft zu dieser Würde nicht gelangen können, so bedürfen wir des Glaubens an die versöhnende und erlösende Macht eines gnädigen Gottes, der uns in Christus entgegentritt.

Schuld ist nicht nur dem Anreiz oder der Verlockung äußerer Umstände oder Güter zuzuschreiben, sondern entspringt aus unserem bewußten Willen. Für das willenlose Tier, das nur durch die organischen Notwendigkeiten seiner Natur beherrscht wird, gibt es keine Schuld, noch bedarf es der Gnade. Nur der Mensch, der zwischen Tier und Engel schwebt, kann schuldig werden, nur er kann auch der begnadeten Freiheit teilhaftig werden. Nur für ihn kann Gott sich oder seinen „Sohn" opfern. Und nur im Geiste Gottes wird Schuld zur Sünde, nämlich zur Entfernung und Entfremdung von Gott. Durch seine Selbstheit ist der Mensch sich seines Gottes bewußt und durch seine „freiwillige" Selbstversklavung handelt er nicht nur seinem eigenen Gesetze, durch welches er ein sittliches Wesen ist, zuwider, sondern auch dem Willen Gottes. Die Versklavung unter Leidenschaft oder Sucht ist Selbstversklavung, weil wir, obwohl der Natur verhaftet, doch nicht aufhören, Ichsubjekte zu sein und daher für uns und unser Handeln einzutreten haben. Die göttliche Gnade erlöst uns aus dieser widerspruchsvollen Verkehrung und führt uns zu unserem unverletzten Selbst zurück, so daß wir nun einer begnadeten Freiheit uns erfreuen dürfen. Freilich bleiben wir trotz dieser Erlösungstat doch im Stande der Endlichkeit, so daß wir nicht aufhören, Schuldige und Sünder zu sein, auch wenn wir von Gott wieder aufgenommen werden. Aus dieser verbliebenen Zwiespältigkeit erwachsen Hoffnung und Glaube, Demut und Liebe zu Gott.

Der moderne Mensch, der auf seine Selbständigkeit pocht, und daher meint auf Gnade verzichten zu sollen und zu können, versteht sich selbst nicht. Er überschätzt seine Kräfte und seine Freiheit und unterschätzt die Schwere der Schuld, die jeder Mensch, auch der beste, auf sich lädt. Er will den Widerspruch der begnadeten Freiheit vermeiden, der ihn aus dem schlimmeren Widerspruch der durch Schuld getrübten unbegnadeten Freiheit emporhebt und erlöst. Dieser ungläubige und unerlöste moderne Mensch ist heute in das kritische Stadium eingetreten, in dem er die Ausweglosigkeit seiner „Autonomie" zu erkennen begonnen hat und unter ihr leidet. Die Krise, in welche die Neuzeit geraten ist, und welche zu Revolution und inneren Konflikten hintreibt, kann eine Erneuerung des gesunden Gleichgewichts zwischen Freiheit und Gnade und damit eine Reformation von Glaube und Kirche veranlassen, aber eine solche ist nicht ein Werk der Freiheit, sondern kann nur durch ein gnädiges Walten des verborgenen Gottes sich ereignen. Solange wir in dem Wahne verharren, daß wir dieses Walten entbehren können und daß wir nur durch wissenschaftliche Erkenntnis und durch Institutionen und Instruktionen zu dieser Gesundung und Heilung der Übel gelangen können, werden wir nur noch tiefer in das Unheil und in die Selbstzerstörung hinuntergezogen werden. In diesem Falle wird der moralische Stolz des modernen Menschen seinen Fall und Untergang heraufbringen.

Auf Gnade hoffen und an einen gnädigen Gott glauben bedeutet freilich nicht, auf die uns gewährte moralische Freiheit Verzicht tun und den in Wissenschaft und Kunst sowie in Wirtschaft und Technik sich schöpferisch betätigenden Menschengeist hemmen. Vielmehr ist es das Gleichgewicht von Freiheit und Gnade, von Autonomie und Theonomie, welches uns vor der Versteifung auf eine der beiden Seiten bewahren kann. Nur die begnadete Freiheit kann dieses Wunderwerk vollbringen.

NAMENREGISTER

RICHARD KRONER

Von Kant bis Hegel

2. Auflage
Zwei Bände in einem Band
1961. XXV, 612 und XI, 526 Seiten.
Brosch. DM 48.–, Lw. DM 58.–

„Unter den vielen mehr oder weniger berechtigten Neuauflagen
von Büchern der vergangenen Jahrzehnte, die heute dank des
photomechanischen Druckverfahrens angeboten werden, zählt
diese gewiß zu den wichtigen und besonders begrüßenswerten."

Hegel-Studien Band 2 [1963]

„Das erste große Werk der deutschen Hegel-Renaissance zwischen den Kriegen... ist Richard Kroner: ‚Von Kant bis Hegel'.
Der Titel wurde zur Programmformel einer auf die Entwicklung der Systemideen konzentrierten monumentalen Geschichts-
schreibung des Deutschen Idealismus... Nicht nur der Schlußteil
ist der Philosophie Hegels gewidmet, die K. – zumal in Phäno-
menologie und Logik – als die Philosophie des Geistes gilt: daß
die gesamte Darstellung sich auf das Non-plus-ultra Hegel hin
bewegt und von ihm her denkt, gibt ihr vielfache Momente von
starker Kraft spekulativer Erschließung und Anregung."

Theologie und Philosophie. 3/1967

„Der deutsche Neuhegelianismus... hat ein philosophiegeschicht-
liches Werk hervorgebracht, das sich gleich bei seinem ersten
Erscheinen durch Gründlichkeit und Klarheit seines Aufbaus
durchsetzte: Richard Kroners nun in 2. Auflage zugänglich ge-
machtes Buch, die reifste Frucht des von Windelband entwickel-
ten Stils der Interpretation und Darstellung. Alle Wege des
deutschen Idealismus konvergieren hier auf Hegel, den Voll-

J. C. B. MOHR (PAUL SIEBECK) TÜBINGEN